행 복,
해석에
답 있다

행복,
해석에
답 있다

한상덕 지음

저자의 말

숙제하듯 하루하루를 살아온 것 같다. 어찌 그러다가 환갑이 훌쩍 넘어 버렸다. 걷다 보니 길이 되었고, 돌아다보니 내 이름 석 자의 인생이 되었다. 누군가에겐 당연한 여정일 수도 있겠으나, 내겐 오늘이란 의미가 특별하다. 지금 살아 있다는 것만으로도 기적이다 싶고, 숨 쉬고 있다는 사실만으로도 감사할 따름이다. 이것저것 따지지 않고 그저 쉼 없이 살아온 덕분이다. "그래 '너' 고생했다." 요즘 내가 내 인생에게 보내는 찬사 중의 하나다. '자가발전自家發電'을 위한 셀프 칭찬이다.

우리는 대부분 '행복'을 위해 살아간다. 그 행복을 위해 열심히 땀을 흘린다. 그런데 '행복'이란 목적지만 보고 살다 보면 행복을 위해 흘리는 그 '땀'이 진정 행복인지를 모르고 사는 경우가 많다. 어쩌면 그 과정이 다 행복인 것을…. 꿈을 가지고 살아간다는 그것이 다 행복인 것을…. 간혹 지난날을 회상하며 살아온 족적을 따라가다 보면 그런 생각이 자주 든다. 난 지금 지난날의 '그것'으로 많이 많이 행복하다. 아마 나만의 얘기가 아닐 것이다. 우리 모두의 이야기일 수도 있다.

일반적인 인지상정이 하나 있다. 큰 것을 가지고 떵떵거리고 살면서, 높은 자리에 앉아 많은 사람들에게 숭앙받는 것…. 그러나 바람일 뿐이지 마음대로 되지 않는 것이 또한 세상 이치이기도 하다. 세상이 내 뜻대로 되지 않을 때, 불평·불만이 생기게 된다. 그것으로 평생이 불행하게 될 수도 있다. 그러나 뜻대로 되지 않는 세상에서, 많은 것을 누리지 못하고 살면서도 불행이라 생각하지 않고 나름 행복하게 살아가는 사람들이 많다. 모두 해석에 따른 결과다. 스스로 행복을 만들어 가는 지혜 덕분이다.

나는 다소 굴곡진 인생을 살아온 사람이다. '턱걸이'라는 표현이 잘 어울리는 인생의 주인공이다. 그럼에도 나는 아직까지 불행하다는 생각을 해 본 기억은 별로 없고, 늘 행복하다는 생각으로 살아왔음을 고백한다. 그럴 수 있었던 것은 불행이라는 단어를 생각할 틈도 없이 열심히 살다 보니 그랬던 것 같고, '성공'보다는 '성장'이라는 의미에서 늘 만족하고 감사하며 살 수 있었기에 가능하지 않았나 싶다. 이보다 더 큰 축복이 어디 있으랴. 그래서 또 감사하다.

살아오면서 또 하나 감사한 것이 있다. 늘 주위에 좋은 사람들이 많았다는 것과, 일상에서 동고동락할 수 있는 중국 고전과 시와 노래가 많았다는 것이다. 그 고마웠던 사람들은 늘 중요한 시기마다 나를 좋은 길로 인도해 주었고, 또 그 많은 고전 속 명문들과 시와 노래들은 힘겨운 굽이마다 내게 힘과 용기가 되어 주었다. 가히 내 인생의 등불과도 같은 존재들이라 할 수 있다. 이 책 속에는 이런 내 인생의 '그' 사람들 이야기, 감화 감동을 받았던 '그' 시와 노래들의 이야기가 담겨 있다.

오늘 이 에세이집은 원래 단행본으로 출판하기 위해 쓴 것이 아니라, 우연하게 출발하였다. 언젠가부터 나는 일간지 뉴스경남에 '한상덕의 고금담리古今談理'라는 제하에, 매월 한 꼭지씩 칼럼을 연재해 왔다. 글 쓸 능력도 되지 않았던 내가 감사한 청탁을 받아 보답하는 일은 그저 최선을 다해 글을 써 보내 드리는 일이었다. 처음에는 오래갈 줄 모르고 가볍게 출발한 것이었는데, 감사하게도 글을 계속 실어 준 덕분에 어느덧 100회를 넘기게 되었고, 그 100편 중 행복에 관한 글들을 골라 엮게 된 것이 오늘 이 책이 되었다.

글의 대부분은 내가 삶 속에서 느끼고 경험한 자질구레한 일들을 감정에 따라 담담하게 스케치한 것들이요, 가정에서 식구들과 부딪치고 살아가며 나눈 소소한 생각과 고민들을 담아낸 것들이었다. 극히 개인적인 사생활과 소감 등을 글감으로 삼기는 했지만, 이 속엔 미력하나마 일반적인 우리 인간에 대한 사색, 삶의 의미, 바람직한 가치관, 평범한 재미와 행복 등…, 누구에게나 연결되어 있는 삶에 대한 이치가 담겨 있기도 하다. 바람이 있다면 이런 점에 조금이라도 가치가 인정되었으면 좋겠다.

그동안 글을 계속 실어 준 지면이 없었다면 이 성과물이 나오기 어려웠을 것이요, 출판의 기회를 선뜻 허락해 준 모교 출판부가 아니었다면 오늘의 이 영광 또한 어려웠을 것이다. 그런 면에서 나는 이리저리 큰 복을 가진 사람이다. 모든 것이 감사하고 기쁠 뿐이다. 도와주신 모든 분들께 깊이 감사드린다.

2021년 2월

한상덕 삼가 씀

목차

봄을 기다리는 마음

우리는 무엇에 감동하는가?

제 1 부

사소한 것의 소중함

"그러면
되었지 뭐"

일상 속에는 세상 최고가 아니어도 잔잔한 행복이 되고 위로가 되는 현상들이 적지 않다. 하찮은 물건 하나도 생명 하나도, 대단한 스펙을 가지지 못한 사람도, 지위가 그리 높지 않은 사람도, 아름다운 향기를 느끼게 해 주고 진한 감동을 주는 경우가 적지 않다. 어떤 시선으로 대상을 보고 어떤 가치관으로 해석을 하느냐에 따라 일상의 평범함이 대단한 가르침으로 다가오기도 하고 환한 미소를 머금게 해 주는 선물이 되기도 한다.

엊그제는 오랜만에 장인 장모님을 모시고 외식을 했다. 가까운 산사 아래에 있는 식당에 가서 닭백숙을 먹고 왔다.

시기적으로는 마땅한 봄날이어야 했지만, 날씨로 보거나 녹음으로 보거나 완연한 여름이었다. 주위에는 이름 모를 잡초들이 이미 수북수북 우거져 있었고, 척 보면 알 만하고 눈에 익은 요모조모의 앙증스런 풀들이 지천에 깔려 있었다. 순간 아파트 베란다에 비어 있는 화분이 생각났다.

녹음은 짙었지만 화분에 앉힐 적당한 식물은 눈에 띄지 않았다. 그럼에도 빈 화분 생각에 푸른 생명 몇 포기를 캐 가기로 했다. 쑥과 토끼풀, 그리고 돌나물과 질경이 몇 포기를 캐어 비닐봉지에 담았다. 장인어르신이 이유를 묻기에, "후미진 곳에서 별로 대접도 못 받고 살아가는 요 녀석들, 저라도 베란다에 귀하게 심어 놓고 사랑 한 번 해 줄까 해서요"라고 했더니 장인어르신이 하시는 말씀, "진정으로 걔들을 사랑할 생각이라면 그냥 제자리에 두고 가시게." 성철 스님이 환생해 오셨나 싶었지만 이미 때는 늦었다.

베란다 화분에 얘들을 심어 놓고 물을 주었다. 며칠이 지나자 자리를 잡은 녀석들이 줄기를 곧게 세우고 푸름을 자랑하는데, 생일날 선물로 받았던 옆 화초보다 더 생기가 왕성하다. 아침마다 화초를 둘러볼 때 제일 먼저 눈이 가는 것은 요 녀석들이다. 행인의 발길에 짓밟혔다가 다음 날 찢어진 이파리를 다시 곧추세우던 질경이, 이파리가 네 장이 아니라는 이유로 늘 뒷전으로 밀렸던 세잎클로버, 예쁜 꽃도 존재감도 별로였던 돌나물, 쑥국용 시기가 지나가 버리면 아무도 찾는 이 없는 쑥…. 하지만 오늘의 이들은 더 이상 어제의 그들이 아니다. 다정하게 서로 이파리를 이웃하여 건강하게 서 있는 모습들이 무엇보다 귀한 모습으로 다가온다. 지천에 깔렸던 평범한 생명들이 베란다 앞에서 내게 주는 가치는 천금 만금이다. 그러면 됐지 뭐.

이쯤에서 이윤기 님의 글귀 한 대목이 생각난다. "나는 꽃이 아닌 것이 거의 확실하다. 그러나 꽃 대접 비슷한 걸 더러 받는 걸 보면, 잎이라도 예쁘게 피워 올리려고 무진 애를 쓰기는 한 모양이다. 그러면 되었지 뭐." 가슴이 먹먹해 온다. 마치 내 이야기를 하고 있는 것 같아서다. 나 역시 꽃이 아닌 것이 분명하다. 그러나 간혹 꽃과 비슷한 대접을 받고 살아간다. 분에 넘치는 대접을 받은 적도 적지 않다. 눈물겹도록 감사할 일이다. 나 역시 꽃은 아니지만 이파리라도 '예쁘게 피워 올리려고' 무지무지 애를 써 온 덕분이 아닌가 생각이 된다. "그러면 됐지 뭐."

쉰 살이 넘을 때까지 안정된 직장도 없이 어렵게 살아갈 때, 한 친구는 내게 다른 길을 권유했다. 많은 장애를 가진 상태에서 어떻게 '마라톤'을 계속 고집하느냐면서…. 그러나 쓰러질 듯 숨을 헐떡이면서도 나는 '달리는' 것이 재미있어서 포기하지 않았고, 그 덕분에 오늘 꽃과 비슷한 대접을 받으며 살아가고 있다. 평범하고 보잘 것 없는 것처럼 보이던 생명 몇 포기가 매일 아침 내게 큰 기쁨이 되어 주듯, 부족함 많고 평범한 인생이지만 애쓰며 살아가는 내 모습을 통해, 사랑하는 내 아들딸만큼은 이런 내 삶에서 뭔가를 느낄 수 있었으면 좋겠다. 자식에게 전해 주고 싶은 가장 큰 교육이 되었으면 좋겠다.

글을 쓰다 보니, 은근히 아니 노골적으로 내 자랑을 하고 있다. 맞다, 자랑이다. 하지만 나는 누군가에게 욕을 먹는 한이 있더라도 간간이 자화자찬을 하며 살아가고 싶다. 치열하게 살아가는 내 인생에 대한 예의 차원에서…. 그리고 '자가발전自家發電'이 반드시 필요한 내 인생이기에….

신문이 주는 유익과 즐거움

나에겐 '새벽 삼락三樂'이 있다. 첫째는 동 트기 전 창가의 파릇파릇한 화초를 보는 즐거움이요, 둘째는 내가 먼저 일어나 있다가 뒤늦게 울리는 '알람'을 끄는 즐거움이요, 셋째는 신문을 넘기면서 세상의 이러저러한 소식과 사람들의 생각을 훑어보는 즐거움이다. 마지막 일락一樂이 되는 신문은 세 종류다. 두 종은 매일 아침 배달되는 신문이고, 한 종은 아내가 직장에서 일주일 동안 모아 놓았다 가져다주는 신문이다. 정확히 말해 아내가 가져다주는 것은 '신문新聞'이라기보다는 '구문舊聞'이라 해야 옳을 것이다.

'신문新聞'은 '새로운 소식'이라는 점에 큰 의미가 있다. 하지만 신문에는 또 시간과 무관하게 유익을 주는 내용들이 더 많다. 내게 더 큰 즐거움이 되는 것은 바로 후자라 할 수 있다. 시사時事보다는 삶에 도움이 되는 여러 필자들의 생각과 지혜들이 더 귀중하다 싶어 나는 늘 가위를 들고 신문을 펼친다. 스크랩을 하기 위함이다. 서재 곳곳에 너저분하게 쌓인 신문 쪽지들은 바로 이렇게 해서 쌓인 것들이다. 무엇보다 소중하고 고마운 자료들이다.

엊그제는 스크랩한 자료들을 정리하던 중에 경주마競走馬 '똥말'에 대한 기사가 눈에 띄었다. 순간, 일생 동안 한 번도 1등을 해 본 적 없었지만 뉴스가 되었던 경주마 '똥말'의 근황이 무척 궁금해졌다. 바로 인터넷에서 검색을 해 보았더니 이미 저승으로 떠나고 없다 했다. 하지만 그 사이, ≪위대한 똥말≫이라는 동화책의 주인공이 되어 어린이들에게 감동을 주고 있다고 했다. 바로 하던 일을 멈추고 서점으로 달려갔다. 그리고 책을 사서 읽었다. 이번 달에 가장 잘 한 일 중에 하나다.

'똥' 자는 일반적으로 대상을 비하하거나 함량 미달을 강조하기 위해 사용하는 접두사다. 따라서 똥차나 똥개처럼, '똥말'은 '못난' 말을 가리킴에 틀림없다. 하지만 동화책 제목에는 그런 '똥말'에 어울리지 않게 '위대한'이란 수식어가 붙어 있다. 이율배반적인 미스매치 표현임에 틀림없다. 하지만 나는 그 정도로는 미적美的 수식어가 약하다고 생각한다. 내게 제목을 붙이라고 했다면 이보다 더 아름다운 수식어, 강도가 더 센 수식어를 골라 썼을 것이다. 왜냐하면 그 '똥말'이 보여 준 일생은 우리에게 대단한 교훈과 감동을 주었기 때문이다.

'똥말'은 한국 경마 역사에서 '최다' '전패' 기록을 가진 못난 말이다. 101번 도전했지만 한 번도 우승을 하지 못하고 살아온 '루저' 중의 '루저'라 할 수 있다. 그럼에도 그녀가 많은 사람들에게 사랑을 받을 수 있었고, '은퇴식'까지 받을 수 있었던 것은, 비록 최고의 능력을 가지지는 못했었지만, 항상 도전하는 것을 두려워하지 않았고 언제나 자신이 가진 능력만큼은 사력을 다해 최선을 보여 주었기 때문이다.

다른 말들은 한 번 출전하고 나면 한 달 반 정도 휴식을 취하곤 하지만, '똥말'은 금세 기력을 되찾아 한 달에 두 번씩 뛴 적도 많았단다. 성실함과 강철 같은 체력으로 마주馬主에게 보답하고자 노력했다는 말이다. 그는 우등상이 아닌 개근상으로, 최고는 아니지만 최선의 모습으로 살아오면서 치열한 경쟁사회에서 힘들게 살아가는 우리들에게 위로가 되어 주었고, 그녀의 아름다운 도전은 우리들의 마음을 따뜻하게 해 주는 데 충분했다.

신문 스크랩 속에는 69세라는 고령의 나이에도 불구하고 960번 도전 끝에 운전면허증을 따낸 차사순 할머니의 감동적인 기사도 있었다. 언젠가 'MBC 영남주부가요열창' 연말 결선에서는 패자 부활전에서 가까스로 연말 출전권을 따낸 어느 주부가 마침내 대상을 받아 자동차를 부상으로 받았다는 기사도 있었다. '신문新聞'이든 '구문舊聞'이든, 동물 이야기든 사람 이야기든, 모두가 내게 희망이 되고 위로가 되는 기사들이 아닐 수 없다. 어떤 조건에서든 최선을 다해 살아가리라 결심하게 해 주는 이야기가 아닐 수 없다. 모두가 다 신문에서 얻은 재산들이다. 모두가 다 신문이 주는 유익이요 즐거움들이다.

아날로그 방식의 행복

중국으로 유학을 가는 제자들에게 강조하는 것이 하나 있다. 문화일기를 꼭 쓰라는 당부다. 한 학기든 일 년이든 우리와 다른 문화 현상과 느낌들을 기록도 하고 사진도 찍어 오라는 과제 아닌 과제를 내준다. 가능하면 3개월을 넘기기 전에 집중하라는 팁과 함께…. 왜냐하면 시간이 좀 지나면 자기도 모르는 사이에 점차 환경에 동화되어 호기심 없는 일상이 되어 버리기 때문이다. 물론 관심만 놓지 않는다면 10년을 넘게 살아도 이질적이고 경이로운 글감들이 수없이 널브러져 있긴 하지만….

내가 메모해 놓았던 글 속에도 중국 유학 중에 거칠게나

마 기록해 놓은 이질적인 문화 현상에 대한 이야기들이 적지 않다. 옥외 간판에 대한 메모도 그중에 하나다. 당시 내게 각인된 중국 간판들의 특징이란 그야말로 예술 작품이라는 느낌이었다. 옥상의 대형 간판들을 비롯하여 각종 건물과 가게 바깥에 걸려 있는 간판들을 보면 대부분 손 글씨를 입체 동판으로 만들어 놓은 것들이 많았다. 한쪽 모서리에는 낙관까지 새겨져 있는….

간판들 중에는 이름난 서예가나 정치인, 문인들이 쓴 것도 있지만, 그냥 평범한 사람이 쓴 듯한 그런 글씨도 많았다. 그런데 다 멋있어 보였다. 유명인이 쓴 것이라 멋져 보이고, 무명인이 쓴 것이라 별로라는 느낌이 아니라, 하나하나가 사람 냄새를 풍기고 독특한 개성을 가지고 있어서 뭔가 마음이 훈훈해지는 그런 느낌이었다. 그건 아마도 딱딱한 기계 글씨가 아닌 정감 넘치는 사람의 '손 글씨'였기 때문에 더 그랬을 것이다.

그런데 '서예의 전당' 같았던 중국 거리의 간판들이 하나하나 컴퓨터 글씨로 잠식돼 가고 있다는 생각에 아쉬움이 진하게 밀려오는 오늘이다. 개인이든 국가든 시대가 변하고 살림살이가 나아지면 멋진 것으로 바꿀 것도 많고, 고급스런 것으로 채울 것도 많아지겠지만, 한 시대를 풍미했던 정겨운 문화들이 사람 냄새보다는 기계 냄새로 서서히 변해 가고 있는 현상들을 목도하면서, 시대의 변화에 따른 불가항력, '무상無常'의 진리가 바로 이런 것인가 하고 생각을 해 보게 된다.

어쩌면 디지털과 모바일 시대에 아날로그 방식이나 문화들은 고리타분하게 생각될 수도 있다. 하지만 행복은 시대적 유행을 따라 멋지고 편하고 새로운 것에만 있는 게 아니라, 지난날의 흔적을 가진 초라하고 불편하고 보잘 것 없는 것들 속에도 행복을 느낄 수 있는 것들이 적지 않다. 사람 냄새 물씬거리는 아날로그 방식의 문화를 스스로 즐겨보는 것도 나름 행복을 찾아가는 삶의 지혜가 아닐까 생각해 본다.

나는 요즘 종이에 글씨 쓰는 것을 즐기고 있다. 늘 컴퓨터로 작업을 하고 핸드폰으로 문자나 메모를 하다 보니, 언젠가부터 내 손 글씨를 잃어버린 듯한 느낌이 들어서다. 그래서 좋은 시나 글귀를 발견하면 그 내용을 종이에 옮겨 써 보기로 한 것이다. 그렇게 행복할 수가 없다. 바쁜 세상에 효율성 있게 산다고 그간 잊고 살았던 내 글씨, 손이 굳고 감각이 무뎌져서 글씨가 생각대로 잘 써지지는 않지만 그래도 볼 만하다. 멋이 있어 보인다. 혼자만의 공간에서 혼자 속삭이는 자화자찬 속에서, 메말라 가던 내 감성이 회복되어 가는 느낌이 든다. 행복하다는 생각이 든다. 다름 아닌 아날로그 방식의 그 행복이다. 다름 아닌 졸박拙朴의 그 즐거움이다.

얼마 전에는 요즘 유행하고 있는 캘리그라피 책도 한 권 샀다. 동양 고전의 명구들을 손 글씨로 예쁘게 써서 작품으로도 만들어 보고 싶어서…. 우선 연습으로, 내가 본방을 사수하고자 노력했던 감동적인 드라마 '쌈 마이웨이'에서 고동만이 했던 대사를 써 보았다. "철이 들수록 꿈이 사라지는 거라면, 나 철 드는 것 포기할래"라고…. 노래 가사도 써 보았다. "하루를 살아도 행복할 수 있다면 나는 그 길을 택하고 싶다"라고….

초등학교 6학년 때 담임이셨던 조현석 선생님께서 "글씨는 마음의 표현"이라고 늘 강조하시던 그 모습을 생각해 가면서 오늘도 글씨에 정성을 쏟아 본다. 내 마음이 드러나 보일 글씨이기에…. 그리고 행복할 수 있기에….

특별한 추석을 준비하며

못 먹고 못 입던 시절 나의 추석은 그렇게도 기다려지던 명절이었다. 잘 먹고, 잘 입고, 잘 놀 수 있는 절호의 찬스였기 때문이다. 누렇게 들판이 변해 가고 밤톨이 토실토실 익어 갈 즈음이면 어김없이 추석이 찾아왔고, 하루하루 둥글게 변해 가는 달의 모습은 우리 '촌놈'들에게 최고의 행복을 가져다줄 희망의 상징이었다. 그러나 중년을 넘어서 버린 오늘의 추석은 이미 그때 그 추석이 아니다. 어릴 적, 추석 때만 누릴 수 있었던 희소가치는 평범하게 되어 버렸고, 하늘에 둥실 떠오른 달의 감흥도 설렘도 지금은 아니다. 세월 탓인가 세상 탓인가? 어쩜 답은 '둘 다'일 것이다. 그럼에도 추석은 추석이요, 추석다운 명절이 되기를 간절히 희망한다.

추석은 즐거워야 한다. 흩어져 있던 가족들이 한 자리에 모여 조상에게 차례를 지내고, 그간 자주 나누지 못했던 서로간의 인생 '농사'와 추수에 대해 이야기로 꽃을 피워야 한다. 자식들이 건강하게 화목하게 살아가고 있음을 부모님께 증명해 드리는 자리가 되어야 하고, 앞으로 더 멋진 화목을 위해 서로 격려하고 용서하는 그런 기회가 되어야 한다. 세월이 흘러 사람의 모습은 변하더라도, 세상이 바뀌고 문화와 가치관이 달라지더라도 적어도 추석은 그래야 한다. 이것이 곧 추석 명절의 진정한 의미요, 자랑스러운 우리 유교문화의 전통이 아니겠는가?

그러나 최근에 와서는 추석에 두 얼굴이 만들어지고 있단다. 즐거운 명절이라는 개념보다는 피곤하고 짜증나는 '행사'와도 같은 '의무성' 명절로 생각하는 사람들이 많아지고 있다는 말이다. 이런 현상을 틀린 분석이라고 부정할 수도 없지만, 그렇다고 그게 또 옳은 생각이라 말할 수도 없다. 그저 식구 간에 서로 배려하는 지혜가 필요하다고 말할 수밖에 없다.

이런 점을 감안하여, 올해 나는 특별하게 추석을 한 번 지내보자고 부모님과 동생들에게 제안을 하나 했다. 결론은, 모두가 즐겁고 추억이 될 수 있는 '일탈'의 명절을 한 번 보내 보자는 것이었다. 매년 부모님이 계시는 고향으로 가서 항상 비슷하게 지내 왔던 추석을, 올해는 모두가 음식 준비로 고생하는 식구도 생기지 않고, 혹 피곤하고 무덤덤할 수도 있는 명절을 '축제'와도 같은 즐거움으로 만들어 보자는…. 그래서 경치 좋은 어느 남해 바닷가에 펜션을 하나 예약했다. 고향 집에서는 한자리에 앉기 힘든 스무 명이 충분히 들어갈 수 있는 거실과 침실이 있는 곳으로….

우리는 여섯 남매다. 서울 쪽에 사는 막내 여동생은 여건상 올 수가 없다니, 다섯 남매가 모이게 될 것이다. 우리는 약속한 대로 각 가정에서 한두 가지씩 음식을 만들어 올 것이다. 그리고 그 음식으로 차례를 지낼 것이다. 조상님께는 올해 한 번만 용서해 달라고 부모님을 통해 허락을 받았다. 조상님이 허락을 해 주셨는지 아닌지는 확실치 않지만, 부모님께서 흔쾌히 동조해 주시는 것으로 보아 조상님도 기뻐하시리라는 확신이 든다.

우리는 뷔페 형식으로 음식을 나누어 먹으며 이야기꽃을 피울 것이다. 술을 마실 줄 아는 식구는 술잔을 기울일 것이고, 술이 안 맞는 식구는 음료수 잔을 비울 것이다. 그러다

흥이 오르면 우리는 각 가정에서 준비한 장기자랑으로 들어갈 것이다. 우리 집 네 식구는 '오빤 강남스타일'로 장기를 뽐낼 것이다. 노래도 하고 춤도 추고…. 노랫말 중의 "점잖아 보이지만 놀 땐 노는 사나이, 때가 되면 완전 미쳐 버리는 사나이" 이 표현은 바로 내 얘기다 싶어 더욱 신이 나는 대목이다.

올해 내 나이도 적지 않은 나이지만, 팔순을 넘기신 부모님 앞에선 역시 어린애에 불과하다. 옛날 중국의 효자 노래자老萊子는 부모님을 기쁘게 해 드리기 위해, 칠순 나이에 때때옷을 입고 재롱을 부리면서 늙으신 부모님을 즐겁게 해 드렸다고 한다. 나도 이번 추석에는 부모님 앞에서 노래자 흉내를 한 번 내 볼 생각이다. 선글라스를 끼고 말을 타고 달리며, 또 섹시한 춤을 추면서….

요즘에 와서 부모님의 기력이 급격히 떨어지고 있다는 느낌이다. 하루라도 더 편하고 더 즐겁게 모실 생각을 하면 할수록 마음이 더 급해진다. 부모님께서 좋아만 하신다면, 이렇게도 해 보고 저렇게도 해 보면서, 단순한 생활에서 벗어난 색다른 경험도 많이 시켜 드렸으면 좋겠다는 생각이 자꾸 든다.

옛말에 "나무는 고요하고자 하나 바람이 그쳐 주질 않고,

자식이 봉양을 하고자 하나 부모님이 기다려 주시질 않는다 樹欲靜而風不止, 子欲養而親不待"라고 했다. 뒤에 가서 후회하지 않기 위해 오늘도 이런 저런 생각을 많이 해 봐야겠다. 밖에 나가서 보낼 올해 추석, 부모님은 물론이고 모든 가족에게 행복한 시간, 값진 추억이 되었으면 좋겠다.

사소한 것의 소중함

미술 영역에 '모자이크' 형식이 있다. 여러 가지 색깔을 가진 종이나 색유리·나무·타일 등의 조각들을 도화지나 벽 등에 붙여 하나의 형상을 만들어 내는 것을 말한다. 누구나 초등학교 미술 시간에 한 번쯤 경험해 본 형식이다. 나 역시 초등학교 때 종이를 찢어서 어머니의 초상화를 모자이크로 만들어 본 경험이 있다. 참 신기하고 재미있는 작업이었다. 아무런 가치도 없을 듯한 단색 쪼가리들이 하나하나 모여, 마침내 또렷한 하나의 형상으로 드러나 보일 때 그 신기함은 너무나 감동적이었다.

가까이서 보면 터실터실하게 붙인 조각들이지만, 교실 뒤쪽 벽에 붙여 놓고 멀찍이서 보면 그런대로 매력적인 작품으로 보인다. 물론 다정하고 온화한 어머니의 그 얼굴이 자세하게 표현되지는 못하고, 그저 '존빨' 날리는 파마머리에 까만 눈썹과 빨간 입술으로만 표현될 수밖에 없어 아쉽기는 했지만…. 그러나 '어머니'라는 작품 제목에서 멀리 빗나가지 않았음에 충분히 만족할 수 있었다. 작고 사소한 것들의 소중함을 말해 주는 교훈이 바로 이 모자이크 속에 숨어 있었다.

중국 진秦나라 이사李斯가 쓴 글 중에 '간축객서諫逐客書'가 있다. 이 글은 왕이 인재를 선발할 때 출신에 관계없이 인재들을 두루두루 기용하여 나라의 부강을 꾀할 것을 간諫하는 내용이다. 글에 이런 말이 나온다. "저 높은 태산은 자그마한 흙덩이라도 작다 크다 구분하지 않고 하나하나를 다 받아들였기에 높은 산을 이룰 수 있었고, 저 넓고 깊은 바다는 졸졸졸 흐르는 개울물이라도 그것을 많다 적다 선택적으로 받아들이지 않고 모두 다 수용할 수 있었기에 저토록 넓고 깊은 바다를 이룰 수 있게 되었다泰山不讓土壤, 故能成其大, 河海不擇細流, 故能就其深"라는 내용이다. 원문에 살을 조금 붙여 풀어 써 보았다. 너무나 평범한 말이요, 당연한 이치를 말하고 있다. 하지만 전체 글 속에서 이 대목이 주는 그 감화력은 압권 중에 압권이다. 읽는 사람의 심금을 울린다. 여기서도 역시 작고 보잘 것 없는 것들의 위대한 가치를 멋지게 표현하고 있다.

언젠가 우주 발사체 나로호가 잠시 발사대에 장착되었다가 다시 내려온 적이 있었다. 작은 고무링 하나에 문제가 생긴 것 때문이라고 했다. 지금까지 나로호의 성공을 위해 10여 년간 투입한 8,500억 원의 결실이 이 작은 고무링 하나 때문에 발목이 잡혔던 것이다. 동전만한 작은 고무링 하나의 가치와 영향력이 이렇게 클 줄 몰랐다. 하기야 20만 개의 부속품으로 이루어진 이 첨단과학의 결정체에서 동전만한 크기의 부품이라면 상대적으로 어마어마하게 큰 것에 해당될지도 모른다.

20만 개 부품을 껴안은 나로호…. 이는 일반 자동차 10대의 부속품을 합친 개수란다. 참으로 과학자들이 존경스럽지 않을 수 없다. 초능적인 지능과 사고를 가지지 않고서는 도저히 불가능한 일임에 틀림없다. 우리 과학자들에게 최고의 경의를 표하고 싶다. 가장 핵심 부분의 기술 유출을 이유로 접근도 못하게 하는 러시아 기술자들의 틈바구니 사이에서, 그동안 우리 대한의 연구자·기술자들이 얼마나 많은 땀을 흘리며 또 가슴앓이를 해야 했을까를 생각하면 마음까지 짠해진다.

지금 우리가 살며 추구하는 행복도 어쩌면 비슷한 이치일 것이다. 하루하루의 삶 속에서 얻게 되는 자잘한 만족과 행복들이 곧 미래의 큰 행복 덩어리를 만드는 데 중요한 밑천이라는 이치 말이다. 순간순간 느끼게 되는 사소한 만족과 행복…. 이들을 개별적으로 볼 때는 별 것 아닌 것 같지만, 그 작은 부스러기 행복들이 결국에는 하나하나 모이고 쌓여 인생 전체의 '행복 모자이크'가 될 것이기 때문이다.

이사의 말대로 한 줌의 흙과 한 움큼의 물이 마침내는 높은 태산을 이루는 데 기틀이 되고, 깊은 바다를 만드는 데 기본이 된 것처럼…, 나로호의 그 작은 하나하나 부품들이 제 역할을 할 수 있을 때 성공을 거둘 수 있는 것처럼…, 작고 보잘 것 없는 것이라도 하루하루를 감사하며 행복하게 사는 것, 그것이 웰빙well-being, 웰에이징well-aging, 웰다잉well-dying에 가장 좋은 방법이 아닐까 생각해 본다.

우리 함께 '추임새'를

1박 2일 모임이 있었다. 열대여섯 명 정도 모였다가 날이 저물자 절반 정도는 바쁘다고 떠나고 절반만 남았다. 저녁을 먹은 후 술을 한 잔 나누던 중에 누군가 진실게임을 한번 하자는 말을 꺼냈다. 무슨 얘기냐고 물었더니 지금까지의 자기 삶에서 영화 같았던 한 장면을 가감 없이 진솔하게 들려주는 것이라 했다. 다들 좋아했다. 우리가 아직 모르고 있는 구성원들의 극적인 '비하인드' 스토리가 궁금했기 때문이다.

한 친구가 얘기 끝에 이런 말을 했다. 한때 판소리와 사물놀이에 미쳐 삶의 일부를 바쳤고, 지금도 거금을 들여 장구를 집에 사 놓고 언젠가는 그 장구를 프로처럼 칠 수 있기를 준비하고 있다고 했다. 현재로선 판소리와 사물놀이와는 아무 상관없는 삶을 사는 사람이다. 그런 사람에게 이런 과거가 있었다니 더 매력적으로 다가왔다. 그리고는 자진해서 서편제에 나오는 판소리 한 대목을 멋들어지게 들려주었다. 우리는 모두 입을 제대로 다물지 못했다.

판소리라 하면 나도 할 말이 좀 있다. 이유는 모른다. 어렸을 때부터 왜 그렇게 판소리가 좋았고 왜 그리 구성진 목소리에 감성을 빼앗겼는지. 내용도 잘 모르면서 라디오에서 판소리가 나오면 마음이 설렜고, 어떤 대목에서는 나도 모르게 눈물을 흘리곤 했다. 역시 설명할 수가 없다. 어쨌든 그렇게 좋았다. 아마 지금 내가 하고 있는 일을 하지 않고 다른 일을 하고 있다면 소리꾼이 되지 않았을까 싶다. “그럼, 판소리도 좀 하겠네요?” 누군가 질문할지 모른다. 그러나 답은 “전혀요”다.

일반 가요는 혼자서 열심히 반복적으로 흥얼거리다 보면, 자신도 모르는 사이에 어느 날 잘 부르게 되는 경우도 많지만 판소리는 다르다. 스승으로부터 정식으로 배우지 않으면 독학이 거의 불가능한 것이 판소리라 생각된다. 그런 판소리를 선생님 근처에도 한번 가 보지 못한 내가 잘할 턱이 없다. 하지만 노력을 안 해 본 것은 아니다. 판소리 테이프를 수백 번 반복해 들으면서 한 대목만이라도 부를 수 있게 하려고 무던히 애를 쓰기는 했다. 그 덕분에 몇 대목 가사는 외울 수 있게 되었다. 하지만 소리라 할 수 있는 상황은 영 아니다.

판소리는 소리꾼과 고수의 호흡이 기본이다. 소리꾼의 소리 실력도 물론 중요하지만 고수의 장단이 더 중요하다는 말도 있다. 고수는 소리판의 연출가요 지휘자라 해도 과언이 아니다. 그러니 중요할 수밖에 없다. 이 고수의 신명과 추임새가 얼마나 소리꾼에게 잘 전달되느냐 못 되느냐에 따라 명창의 소리가 살기도 하고 죽기도 한다. 그래서 고수가 명창을 만든다는 말이 있다.

고수는 노래 중간 중간 북을 치며 소리꾼에게 신명을 실어 주기도 하지만, 이와 아울러 또 중요한 것이 하나 더 있으니 '추임새'다. 이는 고수가 적절한 대목에서 "얼씨구", "좋다", "그렇지", "어이" 하고 외치는 감탄사를 말한다. 원래 '추어주다'라는 말에서 나와 '추임새'가 된 것이란다. 국어사전에 보면 '정도 이상으로 높이 칭찬해 준다'라는 뜻으로 설명하고 있다. 이 '칭찬'에 해당하는 '추임새'가 판소리에 이토록 큰 영향을 준다고 볼 때, 다시 한 번 '칭찬'의 위력을 실감하게 된다.

공연예술에서, 판소리는 참으로 외롭고 힘든 분야 중의 하나다. 어떤 작품은 완창일 경우 여덟 시간을 넘기는 것도 있다. 혼자서 여덟 시간을 노래한다는 것은 쉬운 일이 아니다. 목소리도 문제려니와 체력 유지도 극복해야 할 과제다. 물론 관객도 나름 애로가 없는 것은 아니다. 단조로운 형식이지만 명창의 감정 몰입에 하나가 되어야만 전 과정을 잘 감상할 수가 있기 때문이다. 그 중심에 고수가 앉아 있다. 책임이 작지 않다. 그래서 고수는 소리꾼의 길고 긴 소리 '여정'을 잘 버틸 수 있도록 이끌고 가는 수호신과도 같은 존재라 할 수 있다. 그리고 그의 입에서 나오는 추임새는 소리꾼에게나 관객에게나 신명의 '복음'이 아닐 수 없다.

이런 추임새는 판소리 마당에서만 필요한 것이 아닌 듯하다. 일상에서도 이 같은 추임새가 절실하다는 생각이 든다. 특히 지금, 서로 간에 힘이 되고 용기가 될 수 있는 '삶의 추임새'가 그 어느 때보다 절실하다는 말이다. 관심 받지 못하고 칭찬 받지 못해서 쉽게 스러져 가는 젊은 생명들, 응원 받지 못하고 소외당함으로써 저지르게 되는 어른들의 극단적인 행동들, 마치 전염병처럼 확산이 되고 있다. 이런 병적 현상들 앞에서 서로가 신명의 추임새를 넣어 줄 수 있는 우리가 되면 참 좋겠다. 힘들어하는 청소년들이나 낙담한 어른들에게 사랑 어린 응원의 추임새는 스러져 가는 목숨을 살릴 수도 있고, 희망을 심어 줄 수 있는 최고의 양약良藥이 되어 줄 것이다.

우선적으로, 희망의 양약 '추임새'를 내 가장 가까운 가정에서부터 시작해 보면 좋겠다. 공부 때문에 힘들어하는 우리 자녀들에게, 삶에 지친 식구들에게 성적 제일주의의 시선과 '절대' 승리라는 압박으로부터 잠시 멀찍이 떨어져 서서, 듣기에 가장 기분 좋은 추임새 한 방 날려 주는 여유를 가져 봤으면 좋겠다. 바라보는 사람들이 듣기만 해도 훈훈해지는 추임새 한 방 날려 줄 수 있는 오늘이면 좋겠다. "있어 준 것만 해도 고맙다." "참으로 고맙다." "우리 아들 딸 파이팅." "우리 식구 파이팅."

삼계탕 속의 대추를 보며

삼계탕은 우리나라 음식 중 보양식에 해당한다. 우리가 즐겨 먹는 별식이기도 하지만, 한국을 찾아온 중국인들도 엄청 좋아하는 음식이기도 하다. 직업상 나는 중국인들을 접할 기회가 비교적 많은 편이고, 그러다 보니 그분들을 위한 식사에도 신경을 쓰지 않을 수가 없다. 이때 제일 먼저 떠오르는 것이 불고기와 삼계탕이다. 그런데 경험상 불고기는 기대한 만큼 그들이 '많이' 그리고 '맛있게' 먹는 경우는 드물었지만, 삼계탕은 백발백중이었다. 처음 먹어 보는 사람도 그렇거니와, 여러 번 먹어 본 경험자도 그 만족도는 불고기보다 훨씬 나았던 것 같다. 그래서 요즘 중국 손님 접대 1순위 음식은 삼계탕으로 정해 놓고 있다.

삼계탕 속에 빠지지 않고 들어가는 재료 중에 대추가 있다. '삼'과 '계닭'만 들어가도 될 것도 같은데, 지역의 구분 없이 빠지지 않고 들어가는 것이 이 대추다. 그러나 사람들 중에는 탕 속의 대추를 먹는 사람도 있고 먹지 않는 사람도 있다. 건강에 좋다는 인삼도 가려내 놓고 먹지 않는 사람도 있는 마당에 그까짓 대추가 무슨 대수냐 하겠지만, 중국인들은 대추를 가려내는 법이 없다. 대추 사랑이 우리와는 다르기 때문이다. 중국인들의 의식 속에 잠재된 대추는 건강을 유지하는 측면에서도 그렇지만, 대추나무의 효용 가치나 그 의미에 대해서도 특별하기 때문이다.

중국 속담 중에는 대추에 관한 것들이 많고, 그중에서도 건강과 직결되는 내용이 많다. "날마다 대추를 한 알씩 먹으면 의사가 날 찾아올 일이 없고, 날마다 대추를 세 알씩 먹으면 불로장생하게 된다日食一棗, 醫生不找, 日食三棗, 長生不老"라는 속담이 대표적인 예다. 하지만 이렇게 몸에 좋다는 대추지만, 그 열매나 나무의 겉모습을 보면 측은지심이 들 정도로 볼품이 없다. 그럼에도 아는 사람은 안다. 열매는 물론이고 나무까지도 대단히 쓸모 있는 것임을…. 즉 겉은 가시투성이지만 나무의 그 속은 '적심赤心', 즉 참된 마음과 같은 재질을 가지고 있기 때문이다.

중국의 백거이白居易는 '행원중조수杏園中棗樹'라는 시에서 이렇게 노래했다. "사람들은 말하네, 많은 과일 중에 오직 대추만이 볼품없다고人言百果中, 唯棗凡且鄙. 나무 껍데기는 거북이 손과 같고, 잎사귀는 쥐의 귀처럼 생겼네皮皺似龜手, 葉小如鼠耳. 어찌하여 자기 주제도 모르고, 이 과수원에 뿌리내려 꽃을 피우고 있는가胡爲不自知, 生花此園裏." 대추나무에 대한 세상적인 인상과 평가를 다소 굴욕적으로 표현하고 있다. 아름다운 살구나무 과수원에 서 있는 볼품없는 대추나무의 존재가치를 말이다. 그러나 시인의 궁극적인 목적은 더 큰 것에 있었다. "그대 보기 좋은 눈요깃거리를 찾는다면, 감히 도리꽃에 비교할 수는 없겠지만君求悅目艷, 不敢爭桃李, 그대 만약에 큰 수레를 만들려고 한다면, 바퀴 축대에 반드시 이 나무를 써야 할 것이리라君若作大車, 輪軸材須此." 즉, 후반부의 반전을 통해 대추나무의 지고 무상한 가치를 강조하기 위함이었던 것이다.

중국 속담 중에 "복숭아는 3년, 살구는 4년, 배는 5년이지만, 대추는 그 해에 돈이 된다桃三杏四梨五年, 棗樹當年就還錢"라는 말이 있다. 나무를 심은 뒤에 과일이 열리는 기간을 말한 것이다. 현실성이 가장 강한 과실수는 대추나무라는 말이다.

이는 물론 경험상 '실과實果'의 생태를 지적한 것이기도 하지만, 어쩌면 이 말 속에 더 깊은 철리哲理가 담겨 있는지도 모를 일이다. "모란꽃이 보기는 좋지만 그저 눈에만 좋을 뿐이고, 대추꽃은 비록 작지만 과실을 맺는다牧丹花好空入目, 棗花雖小結實成."라는 말과 연관지어, 여기서 소중한 통찰을 배울 수 있었으면 참 좋겠다.

우리말에 "대추씨 같다"라는 말이 있다. 외형적으로 대단하지는 못하지만 야무지고 빈틈없는 사람을 두고, 대추 속에 들어 있는 단단한 씨에 빗대어 하는 말이다. 오늘날 대단한 스펙을 준비해 놓고도 취업의 공간을 찾지 못해 힘들어하고 있는 누군가가 있다면, '모란꽃' 같은 그런 일자리가 생길 때까지 4년, 5년을 마냥 기다리는 것보다 '대추꽃' 같은 일자리를 먼저 찾아 일하면서 서서히 꿈을 업그레이드해 가는 것도 하나의 방법이 아닐까 생각해 본다.

인사말 속의 식언食言

며칠 전 자주 뵙는 지인으로부터 점심을 한 끼 대접받았다. 평범한 추어탕 한 그릇이었지만 그 어떤 고급 요리보다 감사한 음식이었다. 아마 1년도 넘었을 것이다. “언제 밥 한 끼 살게요”라고 해 놓고 그 약속을 지키지 못해 항상 마음에 걸렸던 모양이다. 그동안 함께 식사를 못했던 것도 아니다. 단 둘이 먹은 것은 아니었지만 몇 번이나 여러 사람들과 함께 식사를 하는 자리도 있었다. 하지만 그분께서는 그 자리가 밥 한 끼 사겠다고 했던 그 약속과는 다른 성격의 식사라고 생각했기에, 작년의 약속을 운운하며 이번에 식사를 한 끼 사신 것이다.

"언제 식사 한 번 하자." 내가 그동안 살아오면서 주위 사람들에게 얼마나 반복적으로 많이 해 왔던 말인가? 그래 놓고 실제로는 얼마나 그 말에 책임을 지고 실천을 해 왔던가? 가만히 생각을 해 보니 갑자기 얼굴이 화끈거린다. 물론 인사말에 불과하다고 변명할 수도 있다. 내 주위 사람들도 별 의미 없이 그냥 인사말로 쓰는 경우도 많기 때문이다. 그런데 갑자기 이런 생각이 든다. 상투적인 인사말이지만 내가 한 말을 누군가 혹시 한 사람이라도 의미 있게 받아들이고, 또 그 말을 기억하고 있다면 어떻게 될까? 지금 얼굴이 화끈거리는 이유는 바로 여기에 있다. 그건 '식언食言'이 되기 때문이다.

인간관계에서 식언만큼 사람의 가치를 떨어뜨리는 경우도 드물 것이다. 아무리 뛰어난 능력과 재능을 가진 사람이라 할지라도, 아무리 높은 자리에 있는 뛰어난 정치가라 할지라도 그가 한 말에 믿음이 없으면, 무엇에 근거해서 그를 따르고 신뢰할 수 있을까? 개인 간의 믿음도 그럴진대, 특히 나라의 운명을 책임질 정치 지도자들에게 식언은 얼마나 치명적인 일인지 모른다. ≪상서尙書≫의 기록에 의하면 중국의 탕왕湯王은 폭군 걸왕桀王을 물리치기 위해 출정을 할 때 병사들을 모아 놓고 이렇게 식언에 대한 이야기를 했단다.

"너희들이 나 한 사람을 도와, 하늘이 처벌할 일을 이루도록 해 준다면, 나는 너희들에게 큰 상을 내리겠노라. 너희들은 불신하지 말라, 짐이 식언하지 않겠노라. 너희들이 맹세를 해 놓고 말을 따르지 않는다면, 나는 너희들의 처자식까지 죽여 용서하지 않을 것이다爾尙輔予一人, 致天之罰, 予其大賚汝. 爾無不信, 朕不食言. 爾不從誓言, 予則戮汝, 罔有攸赦." 믿음에 대한 절실함이 느껴진다. 식언하지 않겠노라는 탕왕의 약속에 군사들은 목숨 걸고 싸워 승리했고, 탕왕은 이런 믿음과 단결 속에서 걸왕을 멸망시키고 은殷을 세울 수가 있었던 것이다.

중국에는 믿음에 관한 감동적인 이야기들이 많다. '사목위신徙木爲信' 고사도 그중의 하나다. 나무 옮긴 것이 믿음이 된다는 뜻이다. 이는 위정자와 백성 사이의 신의에 관한 자그마한 에피소드 같지만, 그 결과는 나라의 법과 기강을 세우는 데 대단히 중요한 역할을 한 '사건'이었던 셈이다.

진秦나라 상앙商鞅은 법제와 세제를 과감하게 개혁하고 싶었다. 하지만 백성들의 불신이 문제였다. 훌륭한 정책보다 백성과의 신뢰가 급선무라 생각한 그는 먼저 남문 저잣거리에 나무 막대를 하나 세워 놓고, 그것을 북문으로 옮기는 자에게 십 금十金을 주겠다고 방을 붙였다. 백성들은 코웃음을 쳤다. 거짓말이 뻔했기 때문이다. 상앙은 다시 오십 금을 주겠다고 방을 붙였다. 그런데 한 사람이 반신반의하며 그것을 옮겨 보았다. 상앙은 정말로 그에게 오십 금을 지급했다. 소문은 삽시간에 전국으로 퍼졌고, 백성들은 이로부터 나라의 말이 거짓이 아님을 알고 위정자의 말과 법을 따르게 되었다. 정치가의 말에 대한 믿음의 결과다. 이런 믿음의 반대말이 곧 식언이다.

'식언이비食言而肥'라는 말이 있다. 헛소리로 살이 찐다는 말이다. 사람이 신용을 지키지 않고 자기 편한 대로 계속 흰소리만 하는 것을 비유한 말이다. 선거가 시작되면 이와 함께 출마자들의 말잔치 향연도 시작된다. 권력을 거머쥐고자 하는 야심을 좇아 물리적 이합집산이 이뤄지고, 조금 전에 했던 중요한 이야기, 민감한 이야기도 유·불리에 따라 다른 뜻이었다고 변명하거나 요리조리 책임을 피해 가는 경우도 적지 않다.

구태여 남의 말로 돌릴 것도 없다. 일상에서 습관처럼 해오던 "언제 식사 한번 하자"라는 인사말도 이제부터는 좀 더 신중하게 해야겠다고 다짐을 해 본다. 그렇게 말했다면 꼼꼼하게 기억하고 있다가 반드시 지키려고 노력해야겠다. 식언이 자주 반복되면 양치기 목동처럼 많은 것을 잃게 될 것이 불을 보듯 뻔하다.

“호의가 계속되면 권리인 줄 안다”

유머 한 대목이다. 늘 거지에게 돈을 주던 행인이 있었단다. 그런데 재작년까지는 만 원, 작년까지는 오천 원, 그러다 올해는 천 원씩만 주자 거지가 따지듯 이유를 물었단다. 이에 행인 왈, “예, 독신일 때는 만 원을 드렸고, 결혼을 해서는 오천 원을 드릴 수 있었는데, 지금은 애가 있어서…. 죄송합니다.” 그러자 거지가 불쾌한 듯, “아니, 당신 개인사 때문에 이러시면 제 생계가 곤란해지지요”라고 했단다. 웃자고 만든 유머다. 하지만 뒷맛이 찝찝하다. 그냥 지나칠 수 없는 귀한 풍자가 들어 있기 때문이다.

세상을 살다 보면 이와 비슷한 일을 경험할 때가 많다. 세상 사람들이 이곳저곳에서 들려주는 별의별 이야기는 더없이 많다. '방귀 뀐 놈이 성낸다'라는 속담이나 '적반하장'이니 '배은망덕'이란 성어가 얼른 떠오르는 그런 세상사 이야기들 말이다. 유머 속 행인은 큰 감명을 준다. 베풀면서도 겸손하고 미안해하는 태도다. 어려움 속에서도 나눔의 정신을 실천하기 위해 최선을 다하는 모습이다. 그런 반면, 거지는 어떠한가?

호의나 배려는 세상을 아름답게 해 주는 중요한 덕목이다. '나'만이 아니라 '우리' 모두 함께 행복하자는 의미를 담은 귀한 인간미다. 이런 현장에 기쁨이 있고, 감사가 있고, 은혜가 있게 된다. 그러나 때로는 상호 간의 태도에 따라 누구에게도 '행복'이 되지 못하는 경우도 많다. 은혜를 입고도 아무런 감동을 느끼지 못하는 경우에 그렇다. 베풀 때 생색을 내거나 목적이 순수하지 못할 경우에도 또한 그렇다. 나눔의 현장에서는 서로가 행복할 수 있어야 하는데 말이다.

중국 삼국시대 때, 동선董仙이란 의사가 있었다. 어려운 환자들에게 아무 대가도 없이 무료로 치료를 해 주었단다. 다만 한 가지 환자들에게 부탁이 있었단다. 병이 다 완쾌가 되면, 중병을 앓았던 환자는 살구나무 다섯 그루를 심고, 병이 가벼웠던 환자는 살구나무 한 그루를 심도록 하라는…. 그렇게 부탁하기를 한 해, 두 해…, 오랜 세월이 흐른 후 그 지역은 십만 그루가 넘는 살구나무촌이 되었고, 소문을 듣고 살구를 사러 오는 사람들이 인산인해를 이루었단다. 그리고 살구를 사 갈 때는 반드시 벼로 바꾸어 가도록 원칙을 정해 놓으니, 후손들은 배를 굶지 않게 되었으며, 그 지역은 또 이런 분위기 속에서 크게 발전이 되었단다. '동선행림董仙杏林', 혹은 '예만행림譽滿杏林'이라는 전고典故가 전해지게 된 내력이다.

'동선행림'이란 이 말은 오늘날 의사의 고명한 의술과 의덕義德을 칭송하는 의미로 많이 활용되고 있지만, 베푼 사의 아름다운 이야기가 아닐 수 없고, 수혜자들이 정직하게 호응한 이야기가 아닐 수 없다. 병이 나은 후 환자는 나무를 심지 않을 수도 있었지만, 양심껏 조용히 땀 흘려 나무를 심었기에 오늘의 '동선행림'이 가능했던 것이다. '갑'의 호의에 감동이 있고, '을'의 호응에 향기가 난다. 서로가 행복을 만들어 낸 기적의 역사다.

한때 "호의가 계속되면 권리인 줄 안다"라는 영화 명대사가 세상의 불편한 진실에 일침을 가한 적이 있었다. 많은 사람들이 공감했었다. 그렇다. 수혜자가 호의나 배려에 중독이 되면 감사할 줄을 모르게 된다. 당연한 것으로 받아들여 은

혜라 생각하지 않게 된다. 그것으로 끝나면 그나마 다행이다. 도가 좀 지나치면 갈수록 기대치가 높아지고, 그것이 생각대로 안 되면 오히려 불만을 표시하게 된다. 그렇게 된다면 참으로 곤란할 일이다.

개인과 개인 간이든 국가와 국가 간이든, 좀 넉넉한 쪽에서 그렇지 못한 쪽에 마음껏 호의를 베풀 수 있었으면 좋겠다. 다소 손해 본다는 생각이 들더라도 계속 좀 그렇게 할 수 있었으면 좋겠다. 그러나 베푼 입장에서 자꾸 본전 생각이 나거나, 도를 넘어 배은망덕하다는 생각이 들게 된다면 그건 좀 곤란하지 않을까 싶다.

그래서 호의나 배려도 적당한 지혜가 필요하고, 무조건적인 '사랑'이 아니라 절제된 사랑이 필요하다는 것인가? 옛말에 "시혜물념, 수은막망施惠勿念, 受恩莫忘"이라 했다. "베푼 은혜는 생각하지 말고, 받은 은혜는 잊지 말라"라는 의미다. 변함없이 줄 수만 있는 것도 아니고, 영원히 받을 수만 있는 것도 아니다. 갑과 을은 항상 바뀔 수 있고, 그러기에 베풀 때도 도움을 받을 때도 서로 기쁨으로 할 수 있었으면 참 좋겠다.

인사人事와 천명天命

서로 인사로 만나고, 또 인사하고 헤어질 수 있는 사람이 가까이에 있다는 건 참으로 감사할 조건이요 행복한 일이다. 하루를 살고 일주일을 살아가면서 누군가와 인사로 만나 말을 섞다가 다시 만남을 기대하며 헤어질 수 있다는 건 평범하지만 귀한 축복이 아닐 수 없다. 그런 인사를 서로가 감사와 기쁨으로 표현할 줄 알고, 그러면서 서로가 격려와 위로를 받으며 팍팍한 삶을 다소나마 힐링할 수 있다면 이보다 더 좋은 묘약이 어디 있을까 싶다. 인사의 소중함이다.

그런 까닭에 우리는 전혀 말도 못 알아듣는 애기 때부터 인사하는 법을 가르치며 아름다운 소통이 체화되도록 정성을 쏟는다. 그 결과 인사는 오늘날 사회생활에 가장 기본이 되는 예의가 되었고, 원만한 삶을 유지해 가는 데 중요한 덕목이 되었다. 인사를 통해 상호 간의 관심과 사랑을 확인하고 서로 간의 관계를 더욱 돈독하게 할 수 있으니, 자그마한 행동 하나 말 한마디가 우리에게 주는 유익, 한둘이 아니다.

이런 맥락에서 천하가 다 아는 속담 하나가 생각난다. '진인사대천명盡人事待天命'이다. "사람이 해야 할 인사人事를 다 하고 하늘의 뜻을 기다린다"라는 의미다. 인사人事 중에는 여러 가지가 있겠지만, 가장 기본이 되는 건 역시 사람 간의 예의인 인사다. 그래서 '하늘의 복福도 인사를 잘 할 줄 알아야 가능하다'는 해석이 가능하다. 나에게 주어진 하늘의 복도 평소에 인사를 어떻게 하느냐에 따라 복의 정도가 달라진다는 것, 믿고 안 믿고는 자유겠지만 만고의 진리가 아닌가 싶다.

평범한 인사 하나도 아무나 다 잘 할 수 있는 건 아닌 것 같다. 인사는 개개인의 인성이 습관적으로 드러나는 것이요, 자신감이나 자존감의 표현이라고도 할 수 있다. 이런 것에 문제가 있을 땐 고개 숙이는 일 하나도 쉽게 할 수가 없다. 대학 캠퍼스 안에서도 자주 느끼곤 하는 문제다. 서로 모르는 관계라면 그런대로 또 이해가 된다 하지만, 매주 만나는 강의실에서조차 인사할 줄을 모른다면 이건 참으로 아니다 싶다.

중국 명언 중에 '선주인, 후주사先做人, 後做事'란 구절이 있다. "먼저 사람이 되고, 그런 다음에 일을 해야 한다"라는 말이다. 대학 교수는 제자들에게 전공 지식을 잘 전수해 주고, 진로에 대해 서로 고민하고 상담해 주는 것만으로도 벅차다. 인성 교육을 포함한 전인 교육全人敎育까지 신경 쓸 겨를도 없고 또 그럴 나이도 아니다. 그러나 제자들에게 좀 더 애착을 가지다 보면 인사하는 습관 하나만이라도 제대로 교육을 시켜야겠다는 욕심이 들 때가 많다.

나는 수업을 할 때면 언제나 인사부터 나누고 시작하자며 먼저 고개를 숙이고 큰 소리로 인사를 한다. 그러면 학생들도 인사로 응대를 한다. 그러나 모든 학생들이 다 응하는 것은 아니다. 일부 학생들은 다른 일을 하고 있거나 무시를 한다. 교수의 정중한 인사도 받아 주지 않는 교실, 그리고 학생…. 이런 생각을 깊이 하다 보면 때론 인간적으로 내 존재가치에 대한 슬픔이 밀려올 때도 많고, 전공이든 교양이든 이런 교육이 무슨 의미가 있는지 회의가 들 때도 적지 않다. 물론 인사는 되받기 위해 하는 건 아니다. 그러나 예의란 서로가 함께 나눌 때 감동이 있고 향기가 있고 행복이 있게 된다. 이런 것이 없다면, 동물과 구별되는 것이 무엇일까 싶다.

우리는 종종 누군가를 평가할 때 '싸가지가 없다'는 표현을 쓰곤 한다. 십중팔구 인사와 연관되어 있을 가능성이 크다. 그 '싸가지'는 일에 대한 능력이나 재능을 두고는 별로 말하지 않는다. 인간의 기본이 되는 인간성, 인사를 놓고 말하는 경우가 많다. '싸가지'는 '싹'과 '아지'의 합성어다. 동물 새끼나 작은 것을 가리키는 접미사 '아지'가 '싹'과 결합되어 '싹이 막 나오기 시작하는 처음 상태의 싹수'를 말한다. 그렇다면 '싸가지가 없다'는 말은 '싹수가 없다'는 의미가 된다.

장래의 건강한 싹수를 결정지어 주는 '인사'가 '천명'과 연관되어 있다는 사실을 늘 잊지 않았으면 좋겠다. 그리하여 평소에 인사 잘 하는 우리가 되었으면 좋겠다. 지위 고하를 막론하고 친소 관계를 따지지 않고 건강한 목소리로 자신 있게, 그리고 행복한 표정으로 인사 나눌 수 있는 우리가 되었으면 좋겠다. 보기 좋고 아름다운 인사도 노력으로 만들어지고, 그 노력으로 만들어진 인품은 더욱 향기를 풍기게 되어 있다. 중요한 것은 그 향기가 하늘로 상달되어 곧 풍성한 천명으로 돌아온다는 사실이다.

소식蘇軾의 소식小食 이야기

고등학생 때 난 자취를 했다. 어느 날 담임 선생님이 편식을 하지 말라고 강조하셨다. 편식! 그렇다. '어떤 특정 음식만 가려서 그것만 즐겨 먹는 것'을 말한다. 건강을 위한 중요한 팁이다. 그런데 웃음이 나왔다. 당시 난 줄창 김치와 우엉조림 둘만으로 '연명'하듯 살아가고 있었기 때문이다. 가려 먹을 것도 없는데 편식을 말라니…

요즘은 아내한테 비슷한 음식 교육을 받으며 살아가고 있다. 먹기 싫은 걸 자꾸 먹으라는…. 잔소리 중에서도 이런 악성이 없다. 지난날 한때는 먹을 것이 없어서 공허하게 들리던 편식 이야기가, 지금은 음식이 차고 넘침에도 편식하지 말라는 지적이 불편하기만 하다.

나는 소식小食 스타일이다. 그래서 뷔페에 가면 늘 손해란 생각이 든다. 아무리 비싼 고급 뷔페라도 즐겨먹는 몇 가지로 한 접시 먹으면 끝이다. 간혹 나를 위한답시고 아내가 대신 날라 온 음식을 먹을 때는 고역인 경우가 많다. 양도 그렇고 종류도 내 스타일이 아니기 때문이다. 뷔페는 마음껏, 그리고 배 '터지게' 먹을 수 있다는 장점이 있지만, 나에겐 아무런 매력이 되지 못한다.

나는 식판을 들고 자기가 먹을 만큼만 떠서 먹는 구내식당 스타일이 참 좋다. 서너 개 반찬에 국 하나. 집에서도 이렇게 먹었으면 좋겠다고 생각하지만 희망사항일 뿐이다. 평소 집에서 식사를 할 때, 아내는 간단하게 먹자고 말은 해 놓고 식사 도중에 자꾸 냉장고를 들락거리며 반찬을 내 온다. 어느 순간 식탁은 반찬으로 가득 차고 만다. 그리고 아내는 수저를 놓으며 말한다. "오늘은 정말 많이 안 먹으려고 했는데…."

소식이 건강에 좋다는 말은 상식이다. 이 말에 근거한다면 나는 건강의 조건은 이미 가진 셈이다. 소식을 하려고 특별히 신경을 써서가 아니라, 어쩌다 그렇게 습관이 되어서다. 먹고 싶은 걸 먹을 수 없거나 참는다면 이 또한 스트레스가 되겠지만, 나는 그러지 않아도 되니 큰 복이 아니고 무엇일까 싶다.

중국에 소식小食으로 유명한 사람이 있다. 송대 문인 소식蘇軾이다. 그는 세상에 불로장생의 묘약이란 있을 수 없고, 오직 생활과 음식에 조심하고 색욕을 절제하며, 적당한 노동과 휴식을 잘만 운용하면 타고난 수명, '천년天年'을 제대로 누릴 수 있다고 했다. 특히 '양생송養生頌' 첫 문장에서는 음식과 관련하여, "배가 고플 때 음식을 먹고, 배가 부르기 전에 수저를 놓으라已飢方食, 未飽先止"라고 했다. "소식으로 장에 부담을 덜어주라少食以寬腸"라는 한의韓醫의 설명과 상통하는 말이다.

엊그제는 단체로 나들이를 다녀왔다. 어느 이름난 식당에 갔더니 메뉴판 아래, '순천에서 두 번째로 맛있는 집'이란 문구가 적혀 있었다. 그럼 첫 번째는? 모두들 궁금해서 물었더니, 종업원 왈, "집밥요!" 모두들 손뼉을 치며 감탄했다. 그러나 어쩌면 겸손을 포장한 '상술'일 수도 있다는 생각이 들었다. 집밥도 집밥 나름일 수 있기 때문이다.

이 대목에서 임보 시인의 진솔한 시 한 수가 생각난다. "아내는 새로운 음식을 만들 때마다/ 내 앞에 가져와 한 숟갈 내밀며 간을 보라 한다./ … '좀 간간한 것 같은데' 하면/

… '뭣이 간간허요 밥에다 자시면 딱 쓰것구만' 하신다./ … '좀 삼삼헌디' 하면/ … '짜면 건강에 해롭다요 싱겁게 드시시오' 하시니/ 할 말이 없다./ 내가 얼마나 멍청한고/ 아내 음식 간맞추는데 평생이 걸렸으니./ 정답은/ '참 맛있네'인데/ 그 쉬운 것도 모르고."

나이가 그렇게 만들어 주었는지, 아니면 입맛이 아내 요리에 길들어졌는지는 잘 모르겠지만, 엊저녁에 아내가 끓인 찌개는 세상에서 제일 맛난 음식이란 생각이 들었다. 지금은 아내가 만들어 주는 집밥만한 것이 없다 싶다. 미역 다시마 먹으라고 강요만 않고 음식에 식초만 쓰지 않는다면 아내가 최고요 아내 음식이 최고다. 그리고 식당 문구는 상술이 아님을 깨닫게 된다. 예순이 넘어서야….

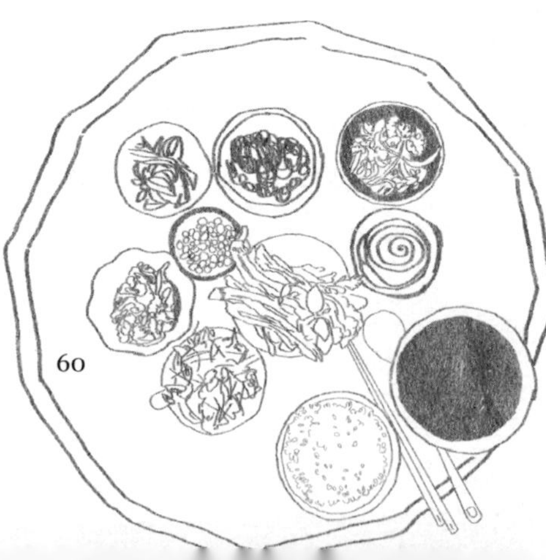

신발과
인생

복도를 걷는데 발등이 허전해진다. 슬리퍼 끈이 떨어진 것이다. 이제는 더 이상 신을 수가 없겠다는 생각이 들었다. 그런데 버리려 하니 서운한 생각이 들어 얼른 버릴 수가 없었다. 그동안 내 삶과 15년을 함께해 온 고마운 반려자였기 때문이다. 약 15년의 슬리퍼….

시간강사 때 나는 경상대학교 국제어학원에서 중국어를 가르친 적이 있다. 참으로 행복한 시절이었다. 가장 좋았던 건 강사들의 교무실이 있어 요일과 시간에 관계없이 자기 소유의 컴퓨터를 마음대로 쓸 수 있었다는 점이다. 대학 시간강사에게 이런 공간이 있다는 건 얼마나 큰 축복인지 모른다. 교수가 되기 전 몇 년 동안 쌓은 연구 실적들은 거의 이 교무실 덕분이었다.

교무실에는 외국인 강사들도 많았다. 주로 영어 강사였지만…. 그런데 이들이 머무르는 기간은 대부분 길지 않았고, 떠나면서 버리고 가는 물건도 적지 않았다. 내가 인연을 맺게 된 슬리퍼도 어느 영어 강사가 버리고 간 신발이었다. 잠시 신을까 했는데 편안하고 좋아서 계속 신은 것이 15년을 함께해 온 것이다.

중간 중간 신발과 헤어질 위기도 있었다. 접착력이 약해져서 끈이 빠지고 탈색이 되고…. 그러나 나사못으로 고정을 하고 매직으로 덧칠을 해가며 인연을 놓지 않았던 것이다. 언젠가 어느 교수님이 슬리퍼 자랑을 하시기에 나도 이 슬리퍼 자랑을 했더니 그분 왈, "지혜로운 것 같기도 하고, 궁상맞은 것 같기도 하고…." 둘 다 맞다. 하지만 둘 중 하나를 택하라면 궁상 쪽이 더 가까울 것이다. 그럼에도 그 신발은 내가 치열하게 걸어온 삶의 흔적을 모두 알고 있었기에…, 그러기에 더 의미가 깊고 자랑스러운 신발이 아닐 수 없었다.

신발은 주인의 모든 것을 다 알고 있다. 좋은 일이든 궂은 일이든, 착한 일이든 나쁜 일이든 그 주인과 삶을 함께 하기 때문이다. 그래서 신발은 주인의 일기장이요, 녹화 기록 장치라 할 수 있다. 신발은 주인의 가치관과 삶의 철학에 따라 움직인다. 그래서 보기만 해도 눈물 찡한 감동의 신발이 있고, 보기만 해도 한숨이 나오고 침을 뱉고 싶은 신발이 있다. 주인의 삶을 대변해 주기 때문이다.

언젠가 사회질서를 엉망진창으로 만들어 놓은 한 여성이 기자들의 카메라 틈 속을 비집고 빠져나가다가 벗겨진 신발이 화제가 된 적이 있다. 그 신발은 비정상적인 상태에서 나라 정권이 바뀌도록 하는 데 큰 역할을 했다. 분명 누군가는 그 신발을 주워 주인에게 돌려주었을 것이다. 신발을 전해 준 그 사람은 그 신발 한 짝을 들고 보면서 무슨 생각을 했을까?

세상에는 아무리 비싼 물건이라도 그 주인의 인격과 삶의 태도에 따라 격이 다르게 보일 때가 많다. 가격은 비싸지만 천하게 보이는 물건도 있고, 가격은 보잘 것 없지만 가치는 천금만금처럼 보이는 물건도 많다. 물건을 사용하고 있는 그 사람의 가치와 그가 어떻게 살아왔느냐에 따라 그 물건의 '물격物格'이 정해지기 때문이다.

아버지에 대한 인상은 다양할 수 있지만, 우리 자식들을 위해, 가정을 위해, 동분서주하신 아버지들의 신발을 내려다

볼 때면 만감이 교차하지 않을 수가 없다. 가슴이 메여 올 때가 많다. '새끼 목구멍에 밥 넘어가는 소리'를 가장 듣기 좋아하셨던 우리들의 아버지. 자식 키우고 공부시키기 위해 걸어오신 우리 아버지의 신발. 그 신발은 다 알고 있지 않는가? 자식들에 대한 사랑을… 그 힘들었을 세월을….

그래서 박목월 시인은 '가정'이란 시에서 노래했던가? "아랫목에 모인 아홉 마리의 강아지야./ 강아지 같은 것들아./ 굴욕과 굶주림과 추운 길을 걸어/ 내가 왔다./ 아버지가 왔다./ 아니 십구 문 반의 신발이 왔다."

훗날, 내 '십구 문 반'의 신발은 내 자식들에게 어떻게 평가될까? 기만 원짜리 신발 가격보다는 더 높이 평가되는 그런 삶을 살아가야 할 텐데…. 추석이 되면 아버지 신발을 보러 갈 것이다. 또 몇 달이 지나 설날이 되면 아버지 신발을 보러 가게 될 것이다. 보기만 해도 코끝 찡하고 고마운 아버지 신발을….

오솔길의 여유와 행복

산책은 꼭 할 일이 있어서 나서는 길이 아니다. 그냥 특별한 목적 없이 걷기 위해 나서는 길이다. 특정의 목적지가 없으니 아무 방향으로 걸어도 좋다. 또 빨리 도착할 필요도 없으니 걸음을 재촉할 필요도 없다. 그냥 마음 편하게 걸을 수 있는 길이면 어디든 만사 오케이다.

간혹 산책에 조금 욕심을 낼 때가 있다. 어차피 걷는 김에 팔이라도 좀 더 흔들고 물병이라도 하나씩 들고 걸으면 운동도 되고 다이어트에도 유익하지 않을까 하는…. 이런 점까지 신경을 쓰다 보면, 조용히 사색도 하고 여유도 좀 부려보고자 했던 원래 산책의 효과는 반감돼 버린다. 뭔가 숙제를 하는 듯한 의무감에 해방감은 제약을 받고 행복지수는 낮아지고 만다. 그래서 산책은 아무 욕심 없이 '종심소욕[*]從心所欲'의 자유로움이 수반돼야 제격이다.

산책하는 길은 좁아도 좋고 둘러 가도 좋다. 구태여 편하게 만들어진 길도 필요치 않다. 오히려 편하게 오르라고 만들어 놓은 데크는 행복한 산책을 방해할 수도 있다. 데크 계단은 내 기분대로 내디딜 보폭을 인위적으로 강제하고 내 자유 의지를 빼앗아 버리기 때문이다. 어떤 계단은 계속해서 한쪽 발로만 먼저 오르게 돼 있다. 더 피곤하고 신경질이 나기도 한다. 내 몸과 마음은 그러고 싶지 않은데 계단이 그렇게 걷도록 강요를 하고 있어 그렇다.

데크는 우리에게 편의를 주기 위한 복지시설이다. 그러나 진정 여유롭고 자유롭게 산책을 하고자 하는 사람에게는 꼭 유익한 시설이 아닐 수도 있다. 정신적 힐링을 위해 산책을 할 수 있는 오솔길에는 복지라는 미명으로 덧칠한 문명의 시설이 굳이 필요치 않다. 안전을 위해 반드시 필요한 곳은 어쩔 수 없다지만, 그다지 위험하지도 않은 산책길, 여유를 즐기기에 아주 적합한 곳에까지 애써 돈을 낭비할 필요는 없지 않을까 생각된다.

* 마음이 하고자 하는 대로 해도 정도를 넘지 않는다.

운동이나 산책을 나갔다가 새하얀 신발에 흙 하나 묻히지 않고 귀가하는 것도 좋을 수 있다. 하지만 자연 그대로의 흙도 밟아 보고, 웅덩이에 괸 흙탕물을 피해 둘러 가 보기도 하고, 기어가는 왕 지렁이를 보고 흠칫 놀라기도 하는 그런 산책길이 자꾸 사라지지 않았으면 좋겠다. 어쩌면 우리들의 영혼을 더 깨끗하게 정화해 주고 팍팍한 삶에 지친 마음을 더 위로해 줄 수 있는 길은 편하게 만들어진 데크보다는 오히려 불편한 오솔길이 아닐까 싶다.

오솔길에 박힌 낯익은 돌멩이들은 늘 봐도 정겹다. 오늘은 어느 녀석과 스킨십을 해 볼까? 이것저것 밟아 가며 걷는 재미는 여유로운 산책에서나 경험할 수 있는 즐거움의 하나다. 어제 밟았던 그 돌멩이들을 그대로 밟아도 좋다. 보폭을 좁혀 가며 이것저것 다 밟아 보는 것도 별미다. 발바닥 밑을 떠받는 돌멩이들의 안마는 자연이 주는 최고의 힐링이 된다. 어릴 때 할머니 약손에서나 느낄 수 있었던 그 포근하고 따스했던 손길이 된다. 오솔길에서 얻게 되는 행복이다.

요 며칠 날씨가 좋아 뒷산으로 산책을 나가는 횟수가 좀 많아졌다. 봄은 나에게만 온 게 아니라 모두에게 온 것이 확실하다. 상춘 겸 산책을 즐기는 사람들이 부쩍 많아졌다. 요즘 김연자 씨의 노래를 한 곡 배우고 있다. '아모르파티'이다.

산책을 하면서 흥얼거리기에 참 좋다. "산다는 게 다 그런 거지, 누구나 빈손으로 와, 소설 같은 한 편의 얘기들을 세상에 뿌리며 살지. 자신에게 실망하지 마, 모든 걸 잘할 순 없어, 오늘보다 더 나은 내일이면 돼, 인생은 지금이야. 아모르파티…."

아모르파티Amor fati. '운명을 사랑하라'는 뜻으로 니체가 한 말이란다. 가사 중에 '인생은 지금이야'라는 구절을 부를 때 제일 신이 난다. 일상의 행복이다. 가깝고 쉬운 것에서 얻을 수 있는 여유요 기쁨이다. 잘 먹고 잘 사는 오늘 우리의 행복지수는 못 살던 옛날보다 더 바닥이란다. 이 편한 세상에 마음은 자꾸 더 불안해지고 불평의 소리는 더 높아만 간다는 이런저런 이야기들을 들을 때면 마음이 그냥 불편하다. 어떻게 살아가는 것이 마음에 기쁨이 되는 것일까? 속도도 무시하고 편리함도 무시하고 그저 고개 숙인 채 사색의 오솔길에서 지혜를 생각해 보면서 흥얼거린다. "나이는 숫자 마음이 진짜, 가슴이 뛰는 대로 가면 돼, 이제는 더 이상 슬픔이여 안녕, 왔다 갈 한 번의 인생아 … 아모르파티."

음악과 소음

엄청 추웠던 어느 겨울날, 버스를 탔는데 라디오에서 감미로운 노래가 흘러 나왔다. 내가 좋아하는 백설희 씨의 노래 '봄날은 간다'였다. 그런데 문제가 생겼다. 노래가 아직 끝나지 않았는데, 내려야 할 정거장이 가까워지고 있었다. 그래서 노래를 다 듣고 싶어서 내려야 할 정거장에서 내리지 않고 그냥 앉아 있었다.

내리고 보니 돌아갈 길이 엄청 멀었다. 비록 돌아가는 길은 멀고 추웠으나 결코 멀게 느껴지지 않았다. 길을 걸으면서 좋아하는 노래를 목이 컬컬해지도록 반복하며 부를 수 있었기 때문이다. 추위와 피곤함보다 오히려 더 행복했다.

지금은 세상이 많이 달라져서 노래 한 곡 배우고 감상하는 것이 그리 어렵지 않은 시절이 되었지만, 내가 노래를 배울 때는 라디오에서 들려주는 노래말고는 달리 배울 방법이 없었다. 라디오에서 흘러나오는 노래 가사를 받아 적어 흥얼거리며 익힌 것이 오늘 내가 부르는 흘러간 옛 노래들이다. 아련한 옛 추억의 한 토막이다.

내가 유학하던 중국의 대학 교문 앞에는 음악 테이프를 판매하는 곳이 여러 군데 있었다. 경쟁이라도 하듯 그들 가게에서는 늘 귀가 찢어질 정도로 유행가를 크게 틀어 놓는 것이 그저 일상이었다. 처음에는 잘 몰랐는데 날이 갈수록 짜증이 나기 시작했다. 내가 원하지 않을 땐 음악도 소음일 수 있겠다는 사실을 그때 절실하게 느꼈다. 그리고 이런 생각이 들었다. 나는 잠깐 참다가 떠나면 그만일 테지만, 주위 상가에 음악을 별로 좋아하지 않는 사람이 있다면 그들은 얼마나 많은 스트레스를 받으며 살아가야 할까?

음악과 소음은 어떻게 구별되는가? 구별이 참 애매하다. 이유는 아름다운 노래도 듣고 싶을 때 들으면 감미로운 '음악'이 되지만, 듣고 싶지 않을 때 억지로 들으면 짜증스런 '소음'이 될 수도 있기 때문이다. 음악의 아름다움도 수용자의 입장에 따라 해석이 극명하게 달라지는 불편한 진실이다. 이런 현실에 우리는 좌표 잃은 배처럼 혼란스럽기만 하다. 그래서 깨닫게 된다. 아전인수식으로 해석을 하면, 절대적 가치를 가진 분명한 어떤 명제도 실제 삶 속에서는 호오*好惡나 이해관계에 따라 해석이 달라질 수도 있겠다는 사실을…. 이런 모순 속에서 우리는 오늘도 아무 탈 '없는 듯' 그냥 그렇게 하루하루를 살아가고 있는 건 아닌지…?

이런 글을 읽은 적이 있다. 누군가가 옆 공장 소음 때문에 도저히 일상생활을 할 수가 없어서 전문가를 찾아가 해결책을 물었단다. 그런데 전문가의 처방은 의외로 간단했단다. 그 공장에 투자를 해서 주식을 사라는…. 시킨 대로 했더니 큰 변화가 생겼단다. 어느 날 공장의 기계가 멈춰 소리가 안 들리게 되자 크게 걱정이 되었단다. "기계 소리가 나야 하는데… 공장이 돌아가야 내 주식이…."

어쩌면 이는 꾸며 낸 이야기일 것이다. 조삼모사**朝三暮四한 인간의 심리를 분명하게 이해시키기 위해서… 얘기 속 메시지는 분명하다. 세상의 그 어떤 현상도 나를 중심으로, 내 이익을 중심으로 해석된다는 점이다. 부정할 수 없는 우리들의 '이기적' 속성을 따끔하게 지적해 주는 '웃픈웃기고도 슬픈' 이

* 좋아함과 미워함.

** 눈앞에 보이는 차이만 알고 결과가 같은 것을 모르는 어리석음.

야기다. 아니다. 어쩌면 변하지 말아야 할 가치나 기준을 희구하는 희망사항을 에둘러 표현한 것일 수도 있다.

목수에겐 생명과도 같은 '규구준승*規矩準繩'이 있다. 컴퍼스와 곱자와 수평기와 먹줄이다. 정확하게 동그라미를 그리고, 직각을 재고, 수평을 확인하고, 직선을 긋는 데 필요한 도구들이다. 적확해야 할 이들이 때와 장소에 따라 변한다면 아무리 훌륭한 목수라도 큰일을 해낼 수가 없게 된다.

정치는 생물이라 했다. 이 말 속에는 상황에 따라 적절히 대처할 줄도 알아야 한다는 의미도 포함되어 있을지 모르겠다. 그렇다고 소신 없는 영혼으로 조변석개하라는 말은 분명 아닐 것이다. 그럼에도 간혹 일부 정치인들을 보면, 입장의 변화에 따라 공격하고 대응하는 말이 달라도 너무 다르다. 동일한 사안에 대해서도 자리가 바뀌니 과거에 했던 말과는 완전히 배치가 된다. 그러면서도 절대적 진리인 양 목에 핏대를 세운다. 타산지석이라 했다. 잠깐 멈춰 서서 내 자신을 돌아본다. 혹 지금 내가 부르고 있는 이 노래도 누군가에겐 소음이 되고 있진 않을까?

개인 한 사람의 생각과 처신은 한 사람의 일로 끝날 수 있다. 그러나 다른 사람의 삶과 행복에까지 영향을 미칠 수 있

* 일상생활에서 지켜야 할 기준과 사물의 준칙.

는 지위의 사람은 소소한 언행이라도 발라야 한다. 선거 유세장에서 정치인들은 '좋은' 음악을 크게 틀어 놓고 외친다. 자기 소신과 공약에 깨끗한 한 표를 찍어 달라고…. 국민들은 투표로 대답한다. 제발 그럴 테니 존경스런 지도력을 발휘해 달라고. 규구준승과 같은 정치 지도자가 되어 달라고….

인생
이모작

나는 빨간 '빤스' 때문에 이 세상에 태어난 사람이다. 우리 엄마 이야기에 따르면 그렇다. 시집온 지 5년이 지났는데도 아이가 들어서질 않더란다. 늘 걱정과 스트레스로 살아가던 어느 날, 5일장이 서는 첫날에 빨간 속옷을 사서 입으면 아이를 가질 수 있다는 할머니의 귀띔을 듣고 동네 새댁 셋이 결기에 찬 외출을 감행했더란다. 비공식적이긴 하지만 악양 5일장이 역사적으로 처음 개장되는 날을 '디데이D-day'로 잡았단다.

엄마를 포함한 세 새댁은 시골 장터 노점에서 똑같은 빨간 속옷을 하나씩 사 입고는, 그날 밤 각자 대붕*의 꿈을 안고 거사를 도모했던 모양이다. 그 결과, 같은 해에 내가 제일 먼저 태어나고, 빨간 속옷 동기 두 명도 곧 내 뒤를 따라 세상에 태어났으니, 우리 엄마는 6년 만에, 친구 엄마 둘은 결혼 10년 만에 아들을 보게 된 거란다. 이런 기다림 끝에 태어난 우리 58년 개띠 셋은 튼튼하게 자라고 굳세게 살아 내어 어느덧 환갑을 넘긴 나이가 되었다.

우리 엄마는 이런저런 이야기를 나눌 기회가 있을 때마다 늘 당신의 간절함과 빨간 '빤스'의 초능력으로 나를 출생시킨 것이라고 말씀하신다. 근거 없는 미신이지만 친구의 엄마들 역시 이 비하인드behind 스토리를 자랑스럽게 생각해 왔고, 이 영웅담을 술자리의 안주처럼 자주 끄집어내시던 모습이 지금도 선하다. 오늘 내가 빨간색 넥타이를 특히 좋아하는 이유도 어쩌면 내 출생과 깊은 관련이 있는 건 아닌지 모르겠다.

우리 동양에서는 그간 환갑을 인생의 큰 획으로 삼아 왔다. 그래서 환갑이 되면 잔치를 열어 주인공을 크게 축하하곤 했다. 환갑까지 사는 경우가 드물었기 때문이다. 오늘날이 같은 환갑의 의미는 퇴색된 지 오래다. 평균 수명이 길어

* 상상의 큰 새.

져서다. 그 덕에 인생 '이모작'이란 표현까지 생겨났고, 이모작의 두 번째 출발은 환갑부터란 말이 상식이 되었다. 환갑을 넘긴 오늘, 야릇한 설렘 속에서 이런저런 고민이 되는 현실이다. 내가 오늘 그 중심에 서 있다.

인생에서 중요한 핵심은 뭘까? 어쩌면 경제적인 문제 해결과 여유로운 생활, 이 둘이 아닐까 싶다. 이것만 마음대로 된다면 인생 후반전, 별로 걱정할 필요가 없을 것만 같다. 하지만 너나 할 것 없이 이에 자유로운 사람이 많지 않다. 누군가는 노후 자금이 충분함에도 불안감 때문에 그렇고, 누군가는 '너무' 건강한 육체를 놀리기 아깝다는 생각에 인생 이모작이란 구호를 들고 적당한 일자리를 찾아 헤매고 있다. 개인의 문제를 넘어서서 이미 사회적·국가적 이슈로까지 발전이 되었다.

이모작이란, 일 년에 두 번 짓는 농사법이다. 인생을 놓고 '이모작'이라 할 땐, 인생 후반전에서도 수확이 가능한 삶을 말한다. 소득과 소유, 쇠해 가면서도 놓기 힘든 우리의 보편적 욕망임에 틀림없다. 허나 인생 이모작에서의 행복은 결코 '수확'에만 있지 않단다. 노자는 가벼워지고 덜어 내는 삶 속에서 답을 찾으라 하고, 공자는 '군자삼계君子三戒'에서 노탐老貪을 경계하라고 속삭인다. 물론 '지나침'을 조심하란 말일 것이다. 그럼에도 이 말에 완전 공감을 하려면 난 좀 더 살아야만 할 것 같다. 노년에 소요逍遙함보다는 소득이 있는 삶이면 좋겠고, 더 풍성했으면 좋겠다는 생각이 크기 때문이다. 노추老醜인 줄 알면서….

인생이 뭐고 행복이 뭔지 열 사람에게 물으면 열 개의 서로 다른 대답이 나올 것이다. 이는 자기의 생각과 방식대로 살아가는 삶이 행복이라고 생각되면 그게 정답일 수 있다는 의미다. 언젠가부터 일본 작가 무라카미 하루키가 소개한 '작지만 확실한 행복', 즉 '소확행小確幸'을 즐기려는 자들이 늘어나고 있단다. 친구 하나도 고향인 시골에서 이런 '소확행'을 즐기고 있다. 내가 선망하는 인생 이모작과는 다른 삶이다. 얼마 전에는 벌을 키우려고 벌통을 샀단다. 직접 벌을 키워 떠낸 꿀이 얼마나 달까 생각하니 참 부럽다. 난 그렇게 살지 못함에 그저 친구 모습만 바라보며 대리만족할 뿐이다.

일상의 행복

'꽃보다 할배 리턴즈', 언젠가 TV에서 인기를 끌었던 프로그램이다. 황혼의 배낭여행을 콘셉트로 한 버라이어티 프로다. 이순재·신구·박근형·백일섭·김용건, 다섯 명이 주인공이다. 늘 남의 인생만을 연기해 오던 연예계의 굵직한 다섯 '할배'들이 자신의 이름과 목소리를 가지고 함께 외국 나들이를 하는 모습을 보여 주는 예능 프로그램이었다.

언젠가 백일섭의 모습에 주목이 됐다. 그는 수술한 다리 때문에 평소 바깥나들이를 할 때면 늘 일행들보다 뒤처져 걸었다. 그러던 어느 날은 남들보다 30분 일찍 출발해서 목적지에 먼저 가 있겠노라고 대문을 나섰다. 남들은 5분이면 도착할 수 있는 거리를 30분이나 일찍 나선 것이다. 남에게 폐를 끼치지 않으려는 백일섭의 따뜻한 인간성이 그대로 전해졌다.

좀 느리기는 했지만 혼자서 뚜벅뚜벅 잘 걸어가는 백일섭의 뒤를 카메라가 따라갔다. 예상 외로 잘 걷는다는 생각에 스탭 누군가가 말을 건넸다. "잘 걸으시네요." 이 말에 짤막한 그의 대답이 이어졌다. "나도 내 속도로는 잘 걸어." 순간, '내 속도'라는 말이 턱 걸리면서, 짐꾼 이서진이 '자유로운 영혼', '까다롭지 않은 백일섭'이라고 말한 표현에 여러 생각들이 겹쳐졌다.

백일섭의 말에 울림이 있었다. 우리의 삶도 자기 처지에 맞는 자신의 속도로, 초조함이나 조급증 없이 인생을 여유롭게 걸어갈 수만 있다면, 백일섭의 평범한 이 대답이 우리의 고백이 될 수도 있을 거라고 해석되었기 때문이다. 여유롭고 행복해야 할 여행에서 어쩌면 지금까지 그는 건강한 다리를 가진 일행과 보조를 맞추려고 '따라가는 일'에 늘 신경이 쓰였을 것이다. 그러면서 안타깝게 포기한 것도 많았을 것이다. 우리네 인생 이야기처럼….

30분의 여유를 가지고 출발한 백일섭, 얼마나 좋았을까? 카메라는 그와 동행하면서 백일섭의 시선에서 여러 풍경들을 비춰 주었다. 평소처럼 뒤처져 걸었다면 보지 못하고 놓쳤을…. 사소하지만 여행의 기쁨이 되기에 충분한 독일 베를린의 아름다운 장면들을….

어린 꼬마가 자전거를 타고 가는 장면에, 한가롭게 걷는 시민들의 모습…. 분수대 옆에서 서로 껴안고 있는 다정한 연인의 뒷모습도 보이고, 느긋하게 앉아서 뭔가를 떠먹고 있는 여인의 모습도 보였다. 노트북을 내려다보고 있는 누군가의 모습, 개를 몰고 길을 가는 그저 평범하기 그지없는 어느 행인의 모습도 보였다. 특별난 장면 하나 없는데 뭔가 '낯설게', 그리고 무지무지 행복해 보였다. 이국 거리의 요모조모를 바라보는 것만으로도 내 마음은 따뜻해지기에 충분했다.

가던 길을 멈추고 벽의 뭔가를 자세히 들여다보고 있는 백일섭의 뒤태는 30분의 여유로운 출발이 아니었더라면 꿈도 꿀 수 없는 아름다운 모습이었다. 평범한 일상에서 얻을 수 있는 비범한 행복이란 게 바로 저런 것인가? 여행에서 조금만 일찍 서둘러 길을 나서고, 조금만 여유를 가지고 지금의 내 주위를 살펴본다면, 이 세상엔 아름답고 소중한 것들이 참으로 많겠다는 생각이 들었다.

외국도 좋지만 구태여 외국이 아닌 내 주위에서도 일상을 낯설게 해석하고 감상할 수 있는 여유만 있다면 행복의 편린들이 적지 않겠다는 생각을 해 보게 된다. '어서와 한국은 처음이지?'란 프로그램이 그 가능성을 확인해 준다. 지금까지 내가 다니던 그저 그랬던 골목도, 내가 먹던 별것 아닌 음식에도 외국인의 시선으로 낯설게 따라가다 보니, 더 이상 평범하지 않은 의미와 감동이 깃들어 있음을 발견하게 된다. "아, 일상의 행복이란 바로 이런 거로구나."

베란다 구석의 말라버린 국화 화분이 오늘따라 다시 보인다. 마른 꽃대는 잘라 버리고 뿌리 담긴 화분은 방으로 옮겨 놓고 가끔 물을 줘야겠다. 내년에 보게 될 노란 국화꽃을 기대하면서…. 갑자기 가슴이 따뜻해 온다. 별것 아닌 일상의 하나가 뭔가 행복으로 다가온다. 행복의 조각들이 내 주위에도 적지 않음을 발견하는 오늘 하루가 고맙기만 하다. 행복은 만들어져 있는 것을 소유하는 것이 아니라, 시간에 따라 장소에 따라 만들어 가는 것임에 틀림없다. 그런 지혜가 늘 샘물처럼 솟아오르고 넘실거렸으면 참 좋겠다. 오늘도 그리고 내일도….

5월에 '삼효三孝'를 생각하며

어버이날을 며칠 앞두고 고향에 한 번 다녀왔다. 넘어지면 코 닿을 곳에 살면서도 부모님을 자주 찾아뵙지 못하고 사는 형편이라 늘 부모님께 미안하다. 일주일에 한 번씩은 꼭 뵈러 가고, 전화도 자주 드려야겠다고 다짐하지만 산다는 핑계로 언제나 마음뿐이다.

들어가면서 카네이션도 사고, 어머니 핸드폰도 한 대 새로 사 갔다. 폰은 왜 사 갔는가? 그동안 잘 써 오던 핸드폰을 어머니가 고사리 삶는 솥 안에 넣고 푸욱 함께 삶아 버렸단다. 참으로 배꼽 빠질 우스운 일이지만 하루하루 걱정이 쌓여 가는 요즘이다. 어머니의 판단력과 기억력은 자꾸 떨어지고, 저하된 청력은 생활에 더 큰 불편을 주고 있기 때문이다.

아버지는 비교적 덜한 편이지만, 그래도 해를 거듭할수록 노쇠해 가는 속도는 빨라만 간다. 안타깝지만 어쩔 수 없기에 그래서 더 마음이 아프다. 이번에도 고향에 들어간 김에 아버지께 이발을 해 드렸다. 내가 아버지께 이발을 해 드리는 일도 벌써 30년을 훌쩍 넘겼다. 한두 달에 한 번씩이지만 아버지 머리를 매만질 수 있다는 것이 내겐 얼마나 큰 축복이고 얼마나 큰 기쁨인지 모른다.

목욕탕에 함께 가서 등을 밀어 드리거나 이발을 해 드리는 일이 내게 큰 기쁨이기도 하지만, 아버지께서도 자식에게 몸을 맡겨 놓고 잠시나마 시간을 공유하는 것에 만족해하시는 것 같아 참 좋다. 별것 아니지만 나름 보람을 느낄 수 있어 마음 또한 뿌듯하다. 이발이 끝나자 아버지는 머리를 만지며 한마디 하신다. "아 참 개운하고, 이발도 아주 잘됐다." 옆에 있던 아내가 "아버님은 거울도 안 보고 어찌 이발이 잘된 줄 아세요?"라 하자, 아버지 대답이 압권이다. "땅에 비친 그림자를 보니, 참 잘된 것 같구나."

그랬다. 그날 햇살에 비친 마당은 아버지한테 거울이었던 셈이다. 아버지의 특기는 감탄이다. 늘 감탄을 달고 사신다.

그래서 참 좋다. 모시고 밖으로 바람 한 번 쐬러 나가면 풍수도 모르시면서 “아, 참 명당이다”라고 감탄하면서 분위기에 기름을 친다. 아버지는 그냥 찬물 한 모금을 마시고도 “아 시원하다”라고 만족을 표현하고, 뭐라고 감탄할 말이 없을 때는 “그것, 참~” 대충 이런 식이다. 아버지의 감탄은 늘 나를 행복하게 해 주고, 앞으로 좀 더 잘해 드려야겠다는 다짐을 하게 한다. 그럴 수 있는 시간이 더 오래오래 갔으면 좋겠다.

언젠가 ‘한자의 이해’라는 대학 강의 시간에 효도에 대한 이야기를 나눈 적이 있다. “나무는 고요하고자 하지만 바람이 그쳐 주지 아니하고, 자식은 봉양을 하고자 하지만 어버이가 기다려 주지 않으신다樹欲靜風不止, 子欲養親不待”라는 내용과 함께…. 그리고 제안을 하나 했다. 우리 모두 수업 마치고 교실을 나가면서 부모님이나 가족에게 전화 한 통씩 드리자고. 그리고 왜 전화했냐고 물으시거든 ‘그냥~’이라 대답하자고….

‘그냥~’이란 말, 목적 없는 무한의 사랑을 표하는 말이다. 문삼석의 시 중에도 ‘그냥’이라는 동시가 있다. “엄만/ 내가 왜 좋아?/ – 그냥 …// 넌 왜/ 엄마가 좋아// – 그냥 …”. 그렇다. 부모와 자식 간의 사랑은 ‘그냥’ 사랑이다. 조건이나 바람이 없는 그냥 사랑. 이런 '무조건적' 사랑으로 이 세상 모든 가족들이 항상 행복하게 살아갈 수 있었으면 좋겠다. 오늘도 내일도….

증자曾子의 가르침에 '삼효三孝'가 있다. "가장 큰 효도는 어버이를 존중하는 것이고, 그 다음은 욕되지 않게 하는 것이고, 마지막은 잘 봉양하는 것이다大孝尊親, 其次弗辱, 其下能養." 쫓지 않아도 야속하게 떠나가 버리는 것이 세월이고, 기다리지 않아도 너무 빨리 다가오는 것이 또한 세월이다. 부모님께는 세월이 비켜 갔으면 좋겠다. 아니, 지나가더라도 좀 천천히 갔으면 좋겠다. 오래오래 등 밀어 드리고 이별해 드릴 수 있도록….

새해
해맞이와
그 의미

올해 생전 처음으로 새해 일출을 보러 다녀왔다. 아내의 나지막한, 그러나 마음을 아리게 하는 말 한마디 때문이었다. "올해는 우리도 해맞이 구경 한 번 갑시다. 남들은 해가 바뀌면 들떠 야단인데, 우린 아직 한 번도 안 가 봤잖소? 결혼 30주년 기념이라 생각하고 한 번 다녀옵시다." 순간, 내 삶의 방식에 대해 크게 반성이 되었고, 아내에게 미안한 마음이 들어 앞뒤 따지지 않고 다녀오기로 했던 것이다.

잘 알려진 해맞이 명소는 사람들이 너무 많아 오가기 불편하고 또 복잡하다는 지인의 말을 듣고, 크게 소문은 안 나 있지만 일출의 장관을 보기엔 정말 좋다는 경남 사천 비토섬 해양낚시공원으로 갔다. 너무 일찍 출발한 탓에 어두운 새벽길은 다소 외롭기까지 했으나, 목적지에 도착하니 벌써 그 지역 주민들은 천막을 쳐 놓고 떡국을 끓이며 손님맞이 준비를 하고 있었다.

천하 일미라고 지인이 극찬했던 그 떡국이 저것이었구나. 김이 모락거리는 떡국을 한 그릇씩 받아 차 안에서 먹는데, 지난날 밤새도록 술을 마시고 새벽에 먹던 콩나물 해장국과는 차원이 다른 떡국 '해장'의 시원함이 온몸으로 퍼졌다. 굴 넣은 떡국은 별로 좋아하지 않는 나였지만, 새해 아침에 특별한 추억으로 먹는 한 그릇의 떡국은 그야말로 별미 중의 별미였다.

가로등 불빛만 없다면 온통 칠흑 같을 이 세상의 한쪽 하늘이 조금씩 주황빛으로 변해 가더니 금세 둥근 해가 얼굴을 내밀었다. 굳이 의미 붙여 말하자면 새해 아침의 새로운 태양이었다. 지금 이 순간, 전국 방방곡곡에서 수많은 사람들이 한 해의 소원을 빌고 복을 빌고 있을 그 태양이었다. 어제도 떴고 그제도 떴고, 작년에도 떴고 수천 년 전에도 떴던 똑같은 태양이건만, 어쨌든 특별한 날이기에 특별한 태양이라 해석하며 우리는 그렇게 하나의 추억을 만들고 왔다.

김의경 소설가도 올해 해맞이를 다녀온 모양이다. 그가 쓴 '해돋이'란 글을 보고 알았다. 글은 새해 일출을 보러 가던 길에 만난 노부부 이야기였다. 연세 지긋하신 할머니가 차를 한 잔 권하면서 그러더란다. "결혼 후 남편 출장 때 한 번 빼고는 새해 첫날이면 언제나 산을 올랐는데, 새해 첫날의 해는 매년 볼 때마다 달랐다"라고…. 이 말 끝에 할아버지가 한마디 덧붙이기를, "해도 한 해를 살아서 그런 거지." 숨을 잠시 돌리신 할머니가 아쉬운 듯, "할아버지 다리가 불편해서 내년에는 함께 오기 힘들 것 같다"라고 하더라는 글이었는데, 내게는 큰 울림이 되었다.

아, 그렇구나. 일출도 언제까지나 함께 볼 수 있는 것이 아니로구나. 일상으로 떠오르는 맨날 똑같은 저 태양도 항상 다른 느낌으로, 그리고 새로운 느낌으로 감사하며 맞이하고 감사하며 보내야겠구나. 이것이 어쩌다 이번 해맞이를 통해 내가 각오한 새해 다짐이 되어 버렸다. 이쯤에서 익숙한 도연명의 '잡시雜詩'가 생각나지 않을 수 없다. "젊은 시절 다시 오지 않고, 하루에 새벽은 두 번 있기 힘든 것. 제때 제때에 힘써야 하리, 세월은 사람을 기다려 주지 않으니盛年不重來, 一日難再晨. 及時當勉勵, 歲月不待人."

새해 아침의 태양을 바다 위에 올려놓고, 하동 부모님께로 향했다. 지팡이에 의지해서 불편하게 걸으시는 두 분을 모시고 순천으로 가서 꼬막 정식을 대접하기로 일정을 잡았다. 점심때가 좀 넘은 시간이었지만 식당엔 사람들로 가득했다. 다양하게 조리한 꼬막 요리는 참으로 맛이 있었고, 만족해하시는 부모님을 보면서 기쁨은 두 배가 되었다.

"식당 손님들은 많지만 우리처럼 나이 많은 사람은 한 팀도 없구나. 그래, 고맙다." 아버지가 식사 중에 하신 말씀이다. 순간, 그동안 자식 역할을 제대로 하지 못한 생각에 코끝이 시큰해졌다. 아내가 한마디 한다. "그래도 아직은 두 분이 걸으실 수 있으니까 좋아요. 진짜 걷기가 불편해시번 모시고 오고 싶어도 오기 힘든데…. 걸을 수 있을 때까진 자주 모시고 다닐게요, 늘 건강하세요."

언젠가, 꼬막은 있으나 꼬막 대접할 부모님이 안 계실 그날을 생각해 본다. 한 해를 계획하는 새해 정초에….

선한
영향력

오랜만에 동생 내외가 우리 집에 잠깐 들리러 왔다. 제수씨가 비닐봉지를 하나 건넨다. “오면서 샀는데, 며칠 후면 필 것 같아요. 달리아예요.” 그렇게 받은 달리아 선물이 꽃을 활짝 피워 올렸다. 열 송이 중 여덟 송이가 피었으니 오늘이 절정일 듯하다. 아직 벌지 않은 두 녀석도 필 날이 머지않은 것 같다. 참으로 예쁘고 고마워 조용히 속삭여 준다. “고맙구나, 너희들이 올봄을 대신해 주는구나.”

코로나19로 밖에서 빼앗겨 버린 2020년의 봄을 나는 오늘 거실에서 이렇게 상춘賞春하며 하루하루를 보내고 있다.

평범한 화분 하나로부터 값으로 따질 수 없는 무가지보[*]無價之寶의 위로를 받으면서…. 나만의 이야기가 아니다. 다가갈 수 없는 세상의 봄꽃을 대문 안에서 혹은 창문 안에서 바라만 봐야 하는 너와 나 우리 모두의 아픈 이야기다.

거실에 놓인 화분 하나가 내게 주는 의미는 오늘이어서 더욱 특별하다. 코로나19로 인한 사회적 거리두기가 자발적으로 강요되는 지금, 이 화분 하나가 내겐 봄이요 자연 그 이상이다. 외로워도 슬퍼도 울지 않는 60대 '캔디'가 된 나는, 오늘도 이렇게 제수씨를 포함한 수많은 누군가의 선한 영향력으로 외로움을 참고 내일을 꿈꾸며 살아가고 있다. 복 받은 나라의 국민임에 감사하며….

세기적 대재앙 코로나19 앞에서 세계는 아우성이다. 우리보다 우위의 선진국이라고 자랑하던 나라들도 속수무책 허둥대고 있다. 오히려 우리나라의 훌륭한 방역 역량과 지혜들이 높이 평가받고 있다. 수많은 나라에서 한국키트를 요청해오고, 정부는 우리 교민 수송에 도움을 준 나라들부터 우선적으로 지원하기로 했단다. 우리 교민들의 귀국을 돕기 위한 전세기들이 이 나라 저 지역으로 바삐 드나들고 있다. 어느 나라 전세기라고? 우리나라 대한민국! 와우….

---

* 가격을 매길 수 없을 만큼 소중한 보물.

문화체육관광부 산하 해외문화홍보원이 만든 '참 이상한 나라'라는 짤막한 동영상을 보았다. 우리나라 국민들이 코로나19를 극복해 가는 감동적 모습들을 소개한 영상이다. 땀으로 범벅이 된 작업복을 둘러 쓴 의료진들의 동분서주, 기초수급자 노인의 마스크 기부, 자원 봉사자들의 무료 도시락 배달…. 지난날 외환 위기 때의 금 모으기 운동, 태안 기름 유출 사고 때 보여 준 자원 봉사자들의 대활약…. 장엄한 배경 음악에 버무려진 그 감동적 장면들을 보고 있노라니 눈물이 핑 돈다. 힘들 때마다 보여 준 우리 국민들의 그 선한 영향력 덕분에 오늘 내가 여기에 있구나 싶어서….

나는 요즘 '선한 영향력'이란 표현에 큰 매력을 느끼며 산다. 그래서 그런 영향력을 가진 글이나 사람이나 현상들을 보면 곧바로 사모思慕의 정이 솟구치고, 나도 따르고 싶은 도전 정신이 꿈틀거린다. 그런 면에서 평소 내게 선한 영향력을 끼치고 있는 분이 한 분 계신다. 내 고향 하동 출신 정호승 시인이다. 그 분의 삶과 글은 내 인생에 많은 영향을 주고 있다. 그래서 늘 감사하다. 최근에는 특별히 '봄길'이란 시에 선한 영향을 받아 사모하고 있다. 쪽지에 적어 가지고 다니며 외우곤 한다.

“길이 끝나는 곳에서도/ 길이 있다/ 길이 끝나는 곳에서도/ 길이 되는 사람이 있다/ 스스로 봄길이 되어/ 끝없이 걸어가는 사람이 있다/ 강물은 흐르다가 멈추고/ 새들은 날아가 돌아오지 않고/ 하늘과 땅 사이의 모든 꽃잎은 흩어져도/ 보라/ 사랑이 끝난 곳에서도/ 사랑으로 남아 있는 사람이 있다/ 스스로 사랑이 되어/ 한 없이 봄길을 걸어가는 사람이 있다”

힘든 2020년 봄, 이번에도 역시 우리 대한민국에 ‘길이 되는 사람’들이 참 많다. 캄캄한 어둠 속에서 환하게 길을 비춰주는 그 수많은 ‘북극성’들…. 잠은 좀 자느냐는 물음에 “한 시간은 넘게 잔다”라는 정은경 질병관리본부장의 말 한마디는 우리들에게 얼마나 큰 희망의 끈이 되어 주었고, 얼마나 큰 극복의 믿음이 되어 주었던가? 어느새 훌쩍 솟아오른 그분의 흰머리가 오늘따라 참 고와 보인다. 선한 영향력의 상징이기 때문이다.

댓글과
자유

제주도에 살고 있는 어느 유명한 가수 연예인 집에 두 여대생이 민박을 왔다. 둘은 고등학교 동기로, 한 명은 바로 대학에 진학했고, 다른 한 명은 5수를 해서 대학에 들어갔단다. 5수생이 눈물을 흘리며 가수에게 고백했다. 진학하고 싶었던 대학에만 들어가면 행복할 줄 알았는데, 자존감이 떨어지고 이런저런 이유로 속이 너무 상한다는 하소연이었다. 가수는 그 학생을 안아 주며 울고 싶을 땐 실컷 울라며 위로를 해 준다.

위로 후에, 밖으로 나간 가수는 햇볕 아래 멍하게 앉아 있는 남편 무릎 위에 걸터앉아 묻는다. "오빠, 결혼만 하면 행복할 줄 알았지?" 남편 대답은 의외였다. "아니, 난 제대만 하면 행복할 줄 알았어." 가수가 말을 받는다. "난 가수로 성공하면 행복할 줄 알았는데…. 행복해야 된다는 생각을 버리면 행복한데…, 그지?" 이 말 끝에, 남편이 들릴 듯 말 듯 말한다. "그냥 사는 거지…."

이상은 어느 TV프로그램에서 방영됐던 영상 내용으로, 이 세상에서 가장 성공했고, 그래서 지금 가장 행복하게 살아가고 있는 것처럼 보이는 두 사람의 대화 내용이다. 언뜻, 세상 부러울 것 없는 대단한 재능과 능력을 가진 자들이 한가롭게 즐기는 언어유희 같기도 했지만, 두 사람의 말을 곰곰 반추해 보니, 어떤 경우든 그 가수의 남편이 말한 것처럼 긍정적인 가치관으로 살아간다면 행복을 찾아가는 데 어느 정도 도움이 되리라 생각되었다.

영상 밑에 여러 댓글이 달렸다. 감동을 받은 누군가는 '그냥 사는 것'이란 말이 맘에 와 닿는다고 했고, '선택받은' 자들의 '신선놀음' 같은 대화에 심기가 불편했던 누군가는 "염병을 하네"라고 댓글을 달았다. 상반된 이 댓글을 보면서 궁금증이 생겼다. 다른 시청자들은 이 대화와 댓글 앞에서 어떤 생각이 들었고, 또 어느 댓글에 공감을 더 많이 했을까 하는….

긍정적인 생각을 가진 사람은 분명 전자 댓글에 공감했을 것이고, 부정적인 생각을 가진 자들은 어쩌면 후자 댓글에 카타르시스 같은 쾌감을 느끼며 쾌재快哉를 불렀을지 모른다. 이에 내가 뭐라 할 말은 없다. 왜냐면 우리는 서로 다른 생각과 가치관에 따라 사는 방법이 다르고 행복을 찾아가는 방식 또한 다르기 때문이다. 그러나 '염병' 운운하는 댓글에 대해서는 마음이 별로 편치 않았다. 다른 사람에게 비친 내 삶은 어떨까 하는 생각과 함께….

남에게 피해도 주지 않고, 윤리적으로도 부끄럽지 않게, 나름 최선으로 살아가고 있는 지금의 내가, 누군가에게는 '염병'으로 비춰질 수도 있겠구나 하는 생각이 마음에 걸렸다는 말이다. 우리는 하고 싶은 대로 할 수 있는 걸 자유自由라 말한다. 사람의 행복은 바로 이 자유에 비례한다. 말할 수 있는 자유도 그중의 하나다. 언제 어디서나 맘대로 말할 수 있는 자유, 축복 중의 축복이다. 당연한 이 기본권이 한때는 강요에 의해 제대로 표현될 수 없었던 경우도 있어 왔기에, 그래서 축복이라 말해 보는 것이다.

댓글은, 말할 자유를 맘껏 누릴 수 있는 수단이다. 그런데 인터넷 포털에서 댓글을 달 수 없는 공간이 있다. 연예뉴스다. 악성댓글로 인해 극단적인 길을 선택하는 연예인들이 늘어나면서부터 내려진 조치란다. 이 조치는 성인 85% 이상이 찬성한 결과요, 연예인들의 자살이 악성댓글에 영향을 받은 것으로 봤기 때문이란다. 자유롭게 말하고 댓글을 달 수 있는 우리가 스스로의 자유와 권리를 발로 차 버린 결과다.

자유란 그저 얻어지는 것이 아니라 했다. 소중함을 알고 그것을 잘 지켜낼 줄 알아야 얻을 수 있다는 얘기다. 매년 6월은 호국보훈의 달로 정해져 있다. 이 6월만 돌아오면 떠오르는 구절이 하나 있다. 미국의 한국전쟁 기념비에 적힌 구절이다. "자유란 그저 주어지는 것이 아니다Freedom is not free." 오늘 우리 대한민국의 자유와 민주주의를 놓고 하는 말이다. 지금 마음대로 표현할 수 있는 말의 자유를 놓고 하는 이야기일 수도 있다. 무엇이든, 잃고 나서 후회하지 말고 소중한 자유와 권리를 지금 잘 지켜내라는 명령임에 틀림없다.

'예농藝農' 친구 이야기

친구로부터 전화 한 통을 받았다. 토요일 오후에 시간 좀 나느냐는. 왜냐 했더니 올해 수확한 감자를 삶아 파티를 한 번 하잔다. 장소는 밭가에 지어 놓은 하우스에서…. 코로나19로 짜증나고 답답한 오늘, 2년 전에 퇴직한 친구가 요즘 구가謳歌하고 있는 일상의 색다른 변주요, 인생 이모작의 일부 모습이다.

친구는 상속받은 산중턱의 땅 약간을 개간해 밭을 만들고, 그 옆에 큼지막한 하우스를 지어 매일 그곳으로 출근을 한다. 하우스는 농작물을 재배하기 위한 공간이 아니라, 친구가 하루하루 행복을 창조해 가는 생활 공간, 유토피아적

‘힐링’의 별유천지別有天地다.

하우스 속의 자그마한 컨테이너는 잠깐의 휴식과 독서를 위한 공간이고, 그 앞의 큰 평상과 긴 탁자는 지인들과의 동락同樂을 위한 ‘어울터’다. 하우스 양쪽 벽에는 틈틈이 그린 유화 작품을 걸어 놓고 감상하는 전시장이요, 그 옆 공간은 그림을 포함한 온갖 창작 활동을 위한 공작실이다.

친구는 자신이 하고 있는 일상을 이름 붙여 ‘예농藝農’이라 한다. ‘예술을 즐기는 농사꾼’. 먹고 살기 위한 수단으로서의 농사라기보다는, 씨앗을 심어 물을 주고, 북을 하고 비료를 주어 수확하는 일련의 과정을 통해, 경제적 소득보다는 더 큰 깨달음과 행복을 얻어 보려는 21세기식 현대판 ‘도연명’….

작년에는 감자 고랑을 직선으로 내지 않고, 영문으로 ‘LOVE’라고 쓴 고랑을 만들어 감자를 심더니, 올해는 소가 여물통 속의 여물을 먹고 있는 밑그림을 따라 감자를 심었으니, 감자밭 캠퍼스에 감자 잎 물감으로 그림을 그린 명화名畫가 아니면 무엇이랴? 한순간도 멈춰 있지 않고 매일매일 움직이고 변화하는 ‘예술 밭’ 그림, 이름 붙이자면 ‘예전화藝田畵’인 셈이다. 작품명은 ‘소통’. 친구에게 ‘소통’의 본말은 ‘소 여물통’이다.

언젠가 친구는 내게 붓글씨 한 구절을 써 달라고 했다. 옛날 주나라 주공이 조카 성왕을 도와 안일에 빠지지 말 것을 강조한 내용이었다. "군자는 안일함이 없어야 한다. 먼저 농사의 어려움을 알고 나서 편안함을 취해야 백성들이 의지하는 바를 알게 된다. 백성들을 보면, 그 부모는 부지런히 씨 뿌려 거두는데, 그 자식들은 씨 뿌려 거두는 어려움은 알지 못한 채 편안함만 취하고 상말을 하며 허망한 소리를 한다君子所其無逸, 先知稼穡之艱難, 乃逸, 則知小人之依, 相小人, 厥父母, 勤勞稼穡, 厥子, 乃不知稼穡之艱難, 乃逸, 乃諺, 旣誕"라는 구절이다.

친구는 자식들에게 이 구절을 교육 자료로 삼아 보려 한다고 했다. 안일함이 없어야 한다는 '무일無逸' 정신, 그리고 어려움을 알고 나서 편안함을 취하는 '가색稼穡'의 소중한 가치를 전하고 싶다고 했다. 몸소 씨 뿌려 거두는 '어려움'을 체험하면서, 자식들과 함께 그 '예전藝田'에서 삶의 통찰을 배우고 교훈을 직접 실감해 보자는 '청유형' 리더십이다. 이런 아버지의 '왕대밭' 생각에 자식들 역시 어찌 '왕대'로 성장하지 않을 수 있겠는가?

친구의 근황에, '가황' 나훈아가 젊었을 때 불렀던 '강촌에 살고 싶네'란 노래가 불현듯 떠오른다. "날이 새면 물새들이 시름없이 날으는, 꽃피고 새가 우는 논밭에 묻혀서, 씨 뿌려

가꾸면서 땀을 흘리며, 냇가에 늘어진 버드나무 아래서, 조용히 살고파라 강촌에 살고 싶네." 화개 부춘富春 마을에서 '예농'으로 살아가는 친구를 위해 특별히 작사한 '맞춤형' 노랫말이 아니었나 싶다.

컨테이너 한쪽엔 내가 쓴 서예 작품 하나가 걸려 있다. "山不在高, 有仙則名산부재고, 유선즉명." "산의 가치란 높이에 있지 않고, 그 산에 신선이 살고 있으면 그 산이 명산이라." 친구가 산을 '명산'으로 만들어 주고 있는지, 아니면 산이 친구를 '명품 인생'으로 만들어 주고 있는지, 간혹 한 번씩 들러 확인해 볼 일이다. 이 또한 내겐 큰 행복이 되리라.

제 2 부

봄을 기다리는 마음

봄을 기다리는 마음

글이 한 꼭지 완성되면 먼저 아내에게 검사를 받는다. 오탈자는 없는지? 주제에 벗어나지는 않는지? 붓글씨로 작품을 써 놓고도 검사를 받는다. 내용은 괜찮은지? 결구結構에 대한 느낌은 어떤지? 물론, 아내가 글을 품평할 대단한 심미안을 가져서도, 서예에 대한 깊은 조예를 가져서도 아니다. 그냥 이러저러한 감상평을 듣다 보면 생각지 않았던 또 다른 영감이 떠오르기도 하고, 부족한 것이 무엇인지를 스스로 깨닫게 되기도 하기 때문이다. 그래서 지금까지 이렇게 해 오고 있다.

그런데 얼마 전에는 장난기가 발동하여 좀 '기발한' 서예 작품을 하나 만들었다가 아내에게 핀잔을 들었다. 시간 있으면 설거지라도 좀 할 일이지 쓸데없는 장난이나 친다고…. 그도 그럴 것이 내가 좀 엉뚱한 짓을 하기는 했다. 아내가 사다 놓은 새 때밀이 수건 위에 붓으로 글씨를 써 본 것이다. "사람은 누구에게나 때가 있는 법이다"라고…. 완성된 작품을 벽에 걸어 놓고 퇴근하는 아내에게 자랑 겸 감상평을 부탁했다가 이런 핀잔을 들은 것이다.

나는 '때'에 대한 '중의重義'를 때밀이 수건 위에 구현했다는 점에서 성취감이 더 컸고, 붓글씨도 그런대로 잘 되었다는 생각에 은근히 아내에게 높은 평가를 기대했던 것인데…. 아내에게 희망 사항이 하나 있다면 때론 흰 거짓말도 좀 할 줄 알고, 리액션도 좀 과도하게 해 줄 줄 아는 다소 '호들갑스런' 감성의 여자였으면 좋겠다는 것이다. 솔직히 너무 이성적이고 정직해서 매력이 없다. 칭찬 한 번 해 주면 뭐 이마에 뿔이라도 나는지 원….

어쨌든, 사람에게는 몸에 붙은 '때'도 있지만, 기적 같은 기회의 '때'도 있다. 자연에서는 엄동설한의 힘든 겨울도 있지만, 꽃 피고 새 우는 봄날의 '때'도 있는 법 아니던가. 때밀이 수건에 내가 글을 쓸 때의 의도는 역경의 시간을 잘 극복하고 행복의 '때'를 맞이하자는 희망의 메시지를 담기 위함이었다.

우리는 엊그제 겨울에 가장 춥다는 소한小寒을 보내고, 며칠 후면 도래할 대한大寒을 기다리고 있다. 대한만 지나면 입춘立春이고 입춘이 지나면 봄은 결코 멀지 않게 된다. 어쩌면 소한·대한의 추위 때문에 따뜻한 봄날이 더 간절하고, 그러다 맞이할 봄날이기에 더 고맙고 행복할 것이다.

이런 면에서, 우리 조상들은 추운 겨울을 보내면서 봄의 도래를 기다리는 특별한 낭만을 하나 가지고 살아왔으니, 추위를 녹여 가며 완성해 가던 그림, '구구소한도九九消寒圖'가 그것이다. 옛날 우리나라 선비들이 긴 겨울을 이겨 내기 위해 동짓날에 흰 매화송이 여든 한 송이9×9를 그려 벽에 붙여 놓고 매일 하나씩 붉은 색으로 칠을 해 가면서 봄을 기다렸다는 지혜의 그림을 두고 하는 말이다. 그래서 '구구九九' '소한도消寒圖'라 했다.

찬 겨울, 방안에서 여든 한 송이 매화를 하루에 하나씩 붉은 색으로 칠을 해 가다가, 그 매화가 전부 붉게 칠해졌을 즈음이면 어느새 창밖에도 실제 매화나무에 꽃이 붉게 피어 진짜 봄이 와 있었다고 하니, 얼마나 감동적인 기다림의 미학이던가? 얼마나 아름다운 우리 조상들의 지혜였던가?

어쩌면 오늘 우리들의 피 속에도 이런 아름답고 감동적인 조상의 긍정 DNA가 분명 흐르고 있지는 않을까? 만일에 그렇다면, 오늘 우리 현실이 참으로 감내하기 힘든 겨울이라 할지라도, 마음고생 '만땅'인 사회 전반의 취업 보릿고개라 할지라도 우리 조상들이 멋과 풍류로 슬기롭게 희망의 '때'를 기다리던 그 여유로움을 비슷하게나마 실천해 볼 수 있지 않을까 싶다. 물론 어렵기는 하겠지만 승화된 여유로움으로 울화병이라도 잘 막아 낼 수 있었으면 참 좋겠다.

돌아보건대, 내게도 길고 힘들었던 보릿고개가 없지 않았다. 인생 백 년의 절반은 언제나 보릿고개였던 셈이다. 나는 마흔부터 쉰 한 살까지 11년을 대학 시간강사로 전전긍긍했다. 딸린 세 식구를 먹여 살려야 하는 현실적인 문제는 기본이었고, 하루도 쉼 없이 연구 업적을 쌓아 가며 미래를 준비해야만 했던 그 가슴 시린 보릿고개 길…. 그 세월을 무슨 말로 속 시원히 설명할 수 있을까? 어떤 말로 위로받을 수 있을까?

그러나 지나고 보니 그토록 고생하고 불안하게 살아왔던 세월도, 이제는 오히려 아련한 추억이 되어 지금의 나를 더 행복하게 해 주고 있으니, 의미 있는 고생의 유익이 바로 이런 것이 아닌가 생각되기도 한다. 그러나 제아무리 고생이 유익이 될 수도 있다지만, 곧 대학을 졸업할 우리 아들·딸들의 겨울은 절대 길지 않았으면 좋겠다. 얼른 따뜻한 봄날이 도래했으면 좋겠다. 직접적으로 도움을 줄 수 있는 게 별로 없는 부모의 입장에서, 그저 간절하게 기도할 뿐이다. 우리 아들·딸들의 따스한 봄날이 속히 찾아와 주기를….

달팽이 뿔
위에서의
다툼

내가 사는 집 주위에 반찬가게가 하나 있다. 처음엔 어른이 소꿉장난을 하는 것 같다는 생각이 들었는데 갈수록 반찬 수가 늘어나고 가게를 찾는 사람도 많아지고 있다. 맛에 반한 고객들이 요즘은 김치도 주문해서 사 가고 제사 음식까지도 부탁을 하는 모양이다. 저런 속도라면 얼마지 않아 크게 성공할 것 같다는 예감이 들기도 한다.

그런데 아내가 남의 일에 걱정이 크다. 지금은 저렇게 급속도로 성장하고 있지만, 어느 날 옆에 더 큰 규모의 가게가 들어서 버리면 어떡하느냐는 걱정이다. 요즘 세상 돌아가는 모습을 보면 충분히 그럴 가능성이 크다. 왜냐면 뭐가 하나 잘 된다 싶으면 염치도 상도덕도 없이 따라 하기가 판을 치고 있기 때문이다. 경제가 어려울수록 더 심화되는 현상이란다. 참 슬픈 일이다.

얼마 전 뉴스를 보니, 유행하는 먹거리가 생기면 창업 자영업자들이 비슷한 가게로 문을 여는 바람에 결국에는 서로가 출혈 경쟁을 하다가 얼마 가지 못하고 함께 폐업을 하는 경우가 많다고 했다. 뉴스는 이화여대와 신촌역 사이의 중국 '마라탕麻辣燙' 전문점을 예로 들었다. 한 곳에서 장사가 잘 되자 직선거리 200미터도 안 되는 짧은 구간에 같은 전문점이 여덟 곳이나 생겼다고 했다. 남의 일이 아니다 싶다. 아들이 음식점 개업을 준비하고 있기 때문이다.

베끼기 창업이 난무하는 건, 쉽게 개업이 가능한 우리나라 프랜차이즈 시장 구조 때문이라는 분석이 있다. 언젠가 통계를 봤더니, 한 해 동안 천삼백 개 프랜차이즈 중에서 천 개가 반짝 문을 열었다가 사라졌고, 한 해 프랜차이즈 브랜드 개수가 6천을 넘어서서 역대 최고치를 기록했다고 한다. 이런 현상이 무엇을 의미하는가? 아무나, 그리고 쉽게 시작할 수 있는 사업은 망하는 것 또한 그만큼 쉽다는 방증이다.

이런 생존 경쟁의 세계에서 살아남는 길은 단 하나다. 남이 쉽게 따라 베낄 수 없는 실력과 경영 노하우를 갖추는 일이다. 엄청난 물적 자본 앞에서도 대항할 수 있는 방법은 이것밖에 없을 것 같다. 여기에 진심이 담긴 경영철학과 정성으로 고객들을 대하다 보면, 일정 기간 힘은 좀 들더라도 결국에 가서는 독보적인 존재 가치를 인정받아 장수를 누릴 수 있게 될 것이기 때문이다.

생존 경쟁에는 크고 작음의 구별이 없는 것 같다. 아파트 현관문 손잡이 위, 그 작은 공간에서도 치열한 생존 경쟁이 확인된다. 누군가가 손톱만한 자물쇠 수리 스티커를 붙여 놓고 가면, 며칠 후 그 위에 다른 업소 스티커가 붙는다. 그냥 덧붙이기만 하지 않고 못 같은 날카로운 도구로 앞 스티커의 전화번호를 깨 뭉개고 붙인다. 이런 일이 반복되다 보니 손잡이 위는 늘 스티커 자국으로 지저분하다. 달팽이 뿔 위에서의 전쟁이 연상되는 그런 생존 경쟁이다. 집주인이 영원히 바꿀지 안 바꿀지도 모르는 그 손잡이 위에서….

이 대목에서 중국 백거이의 '대작對酌'이라는 시 한 수가 생각난다. "달팽이 뿔 위에서 무슨 일로 다투는가蝸牛角相爭何事? 기껏 부싯돌 불꽃 속에 붙어사는 이 몸이거늘石火光中寄此身. 부유하면 부유한 대로 가난하면 가난한 대로 그저 즐길 일이지隨富隨貧且歡樂, 입 벌려 웃을 줄 모르면 그게 바보 아닌가

不開口笑是痴人?" 좀 여유를 가지고 살았으면 좋겠다는 충고로 들린다. 그렇다. 아무리 시대가 바뀌고 장소가 바뀐다 해도 우리 모두가 이런 여유로움을 가지고 사는 세상이 되었으면 참 좋겠다.

20대 후반의 아들에게 간혹 조언하는 말이 있다. 앞으로 어떤 장사를 하더라도, 다소 출발이 늦다 할지라도, 자기만의 인적·지적 자본을 준비하는 데 혼신의 힘을 다하고, 감히 누구도 따라할 수 없는 자기만의 필살기를 구축하는 데 아낌없는 시간과 수업료를 투자하라고…. 그리고 첨언 하나…. 음식을 만드는 자체에서 행복을 찾으려 노력하고, 찾아온 손님들을 보며 삶의 보람을 느낄 수 있는 인생을 만들어 보라고…. 행복? 어쩌면 아주 가까운 곳에 있는지 모른다고…. 큰 욕심만 부리지 않는다면….

임금이 되고 신하가 되는 까닭

“먼저 도착하면 임금이 되고, 뒤에 도착하면 신하가 된다先到爲君, 後到爲臣”라는 중국 속담이 있다. 이런 주장에 동감하는 사람도 많겠지만 또 생각을 달리하는 사람도 있을 수 있다. 그런데 이 말이 수천 년을 거쳐 오늘에 이르기까지 중국인들의 인구에 회자되고 있는 이유는 무엇일까? 그건 아마도 세간에서 수없이 경험해 왔던 세상 이치의 보편성 때문이 아닐까 싶다.

최근 대학생들에게 이 속담에 대한 자기 주관과 논리를 적어 보도록 하는 과제를 낸 적이 있다. 글 중에는 다소 패

배 의식에 사로잡힌 나약한 젊은이의 초상을 드러낸 글도 있었지만, 젊은 청춘의 건전한 정신과 당당한 패기 등을 보여준 글도 적지 않았다. 다음은 어느 학생의 글을 요약한 것이다.

"올해 끝이 얼마 남지 않았다. 졸업을 앞둔 올 초, 얼마나 많은 다짐을 했던가. 그런데 벽에 붙여 놓았던 명언과 목표들이 부끄럽다. 나는 노력이라도 해 보았던가? 친구들은 어느새 화려한 스펙에 좋은 직장을 찾아 떠나고 있다. 축하할 일이지만 한편으론 씁쓸하다. 물밀듯이 밀려오는 후회와 자괴감 속에서, 말도 안 되는 질투와 시기심이 커져 간다. 친구들의 노력은 철저히 무시한 채, 그들의 유복한 환경 등을 억지로 끌어다 붙여 당연한 결과라고 스스로를 위로해 본다. 하지만 마음이 불편하다. 나와 비슷한 처지에 있던 친구들도 저만치 가 있기 때문이다."

"집안 배경이나 돈을 이유로 대는 건 못난 나를 보호하기 위한 얄팍한 방어막일 뿐이다. 공평한 출발선이 있었음에도 도착 시점에 따라 군신 관계가 정해진다고 속담은 말한다. 어마어마한 차이다. 그리고 신하라 할지라도 모두 똑같은 신하가 아닐 것이다. 참 무서운 일이다. '세상은 공평하다, 누구에게나 불공평하다는 점에서….' 그래서 누가 먼저 시작하고 누가 더 많이 노력하느냐에 따라 보상이 달라진다. 결국 나는 인정한다. 모든 일에는 이유가 있다는 것을."

"그러니, 이제 '그는 임금인데 나는 왜 신하인가?'라는 억지에 찬 질투와 시기에서 완전히 벗어나야 하겠다. 얼마 후면 난 대학생이라는 신분을 잃게 된다. 23년 인생에서 또 한 번의 전환점을 맞게 된다. 늦었다면 늦었지만 빠르다면 빠른 시간이다. 이제부턴 내가 다른 친구들보다 출발이 늦었다고 생각하지 않을 것이다. 그리고 아직까지는 임금과 신하가 결정되는 골인점이 아니기에, 시작은 좀 늦었지만 최후의 승자가 되기 위해 노력하련다."

대학 생활을 제대로 보내지 못한 것에 대한 후회와 세상 이치, 그리고 조금 늦기는 했지만 앞으로 최선을 다해 인생을 살아가겠다는 의지를 밝힌 글이다. '세상은 공평하다'는 명제 속에서 끌어낸 세상의 '불공평한' 이치…, 그렇다, 이는 불편하지만 진실이다. 뭔가 모순적이고 복잡한 듯하나, 명쾌한 지적이 아닐 수 없다. 공평한 진리 속에서 희망을 찾아내고, 불공평한 세상 이치 속에서 더욱 노력하려고 다짐할 수 있다면 이것이 곧 세상을 잘 살아갈 수 있는 지혜가 될 것이다.

중국 속담엔 이런 말도 있다. "왕과 제후와 장군과 재상에게 어찌 종자가 있겠는가王侯將相, 寧有種乎." 세상에서 제 아무리 높은 지위와 신분을 가진 사람이라 할지라도 누구든지 준비하고 노력하는 사람이라면 그 자리에 앉을 수 있고, 또 그런 사람이 될 수 있다는 희망의 메시지다. 힘이 불끈 솟게 하는 말이다. 꿈을 가진 자의 가슴에 불을 당겨 주는 말이다. 때론 이러저러한 세상 이치와 불편한 현상 앞에서 벌거숭이의 모습으로 맥없이 서 있을 수밖에 없는 경우도 있지만, 이 속담이 주는 '가능성'에서 용기와 희망을 얻어 꿈을 이루기 위한 노력에 최선을 다하는 우리가 되었으면 좋겠다.

언젠가 지인 한 사람이 내게 "인생을 다시 한 번 산다면…?"이라고 물은 적이 있었다. 난 바로 대답했다. 다시 살고 싶지 않다고…. 나의 대답은 분명 '비'호감으로 들렸겠지만 솔직한 고백이다. '다시 산다'는 가정은 지금보다 더 행복할 것을 전제한 것이다. 그러나 지금보다 더 행복하리란 보장이 있는가? 자신이 없다. 지금보다 더 행복하기 위해서는 더 열심히 살아야 될 텐데, 지금 이 삶보다 더 전투적으로 살아 낼 자신이 없기 때문이다. 다시 살아 행복할 수 있기를 기대하기보다는, 지금 이 생에서 후회 없이 노력했노라고 당당히 말할 수 있는 우리가 되면 좋겠다. 그 결과엔 연연하지 말고. 그건 신의 영역이기에….

“아파도
참고 해야제”

새해 아침을 병원에서 보냈다. 내가 아파서가 아니라 부모님을 간호하느라 그랬다. 연로하신 부모님이 지금까지 잔병치레 없이 살아오신 것은 아니지만 그런대로 아직 정정하신 편이다. 다만 무릎 관절만 빼고…. 물론 무릎도 사오 년 전까지만 해도 생활에 큰 불편은 없었다. 간혹 심하게 좀 아플 때면 관절 주사를 맞아 가며 그럭저럭 지낼 수가 있었다. 그런데 근래에 와서는 주사를 맞아도 별로 소용이 없게 되었다. 걷지를 못할 정도로 아파 하셔서 병원을 찾았더니, 아니나 다를까 중간 물렁뼈가 닳아서 아예 하나도 없고, 뼈와 뼈 사이는 벽돌을 쌓은 것처럼 맞닿아 있어서 수술을 하는 것이 좋겠다고 했다.

연세가 많아 걱정이 됐지만, 요즘은 아흔 살이 넘은 분도 많이 한다고 해서 수술을 결심했다. 그러나 부모님은 반대였다. 아파도 그냥 이대로 살다 가시겠다는 거였다. 그런데 시간이 갈수록 고통이 심해지고 또 주위 사람들에게 이러저러한 성공담을 듣다 보니 용기가 났는지 수술을 자청하셨다. 그래서 이번에 수술을 하게 된 것이다.

우리나라 의술에 놀라고 감탄한 것이 이번이 처음은 아니지만, 무릎을 한 뼘쯤 갈라 주먹만 한 쇳덩이 인공관절을 안에 넣고 봉합한 뒤 나흘째 되는 날부터 걸을 수 있다는 현실 앞에서 뭐라 형언할 말이 없었다. 그리고 자그마한 병원에서 하루에 십수 명씩 환자들의 관절 수술을 척척 해내는 그 젊은 의사들의 담대함과 능력에 놀랐고, 하루하루 병상의 주인들이 바뀌고, 짐을 챙겨 떠나는 환자들의 밝은 미소에서 인생의 고통과 절망보다는 더 큰 희망을 발견할 수가 있었다. 이번 부모님 간병 중에 느끼게 된 또 하나의 소중한 경험이었다.

관절은 외상外傷으로 인해 수술을 받는 경우도 많겠지만, 우리 부모님 같은 경우에는, 지금까지 살아오시면서 너무나 힘든 노동으로 관절을 혹사시켜 온 결과 때문이었다. 가장 어려운 시대와 환경 속에서 가난한 농부로 살아오신 우리 부모님의 삶을 가만히 뒤돌아보면, 무쇠로 만든 관절이라도 다 닳아 없어지지 않았을까 싶을 정도다. 여섯 남매를 키우면서 동네 누구보다 아침에 먼저 일어나고, 더 많이 일하고, 더 많이 땀 흘리셨던 우리 부모님…. 물렁뼈가 아니라 다이아몬드보다 더 강한 뼈라 할지라도 다 닳아 없어졌을 그 고생을 생각하면 지금 내가 아무리 힘들어도 봉양에 힘쓰고 간호에 최선을 다해야 되겠다는 생각을 하게 된다.

그런데, 병원에서의 부모 간병이 그리 쉬운 일은 아니었다. 부모님 두 분이 같은 병실에 계셨다면 그런대로 괜찮았으련만, 남녀 병실이 따로 되어 있어서 두 살림을 하느라 어려움이 더 많았고, 조급증이 심한 어머니는 반드시 두 시간마다 소변을 봐야 하는 것 때문에 밤에는 여간 힘든 것이 아니었다. 물론 부모님이 나를 키울 때 해 주셨던 것에 비하면 이런 일은 아무 것도 아니겠지만…. 그러나 병원에서는 세수·양치·로션·빗질·밥상·수저·물·약·옷·이불·베개·대소변·얼음찜질·물리치료 등등을 하나하나 챙기며 간호를 하고, 또 중간 중간에는 내가 개인적으로 해야 할 일을 요령껏 챙겨야 했으니, 아무리 반포지효*反哺之孝의 중요성을 잘 안다

* '까마귀 새끼가 자란 뒤에 늙은 어미에게 먹이를 물어다 주는 효성'이라는 뜻.

할지라도 마냥 즐겁게 할 수 있는 일만은 아니었던 것 같다.

인공관절 수술은 수술 자체도 중요하지만, 수술 후의 운동이 더 중요하단다. 그래서 간호사가 계속 드나들면서 운동량을 점검하고 감독을 했다. 이 점이 내가 가장 스트레스를 받는 부분이었다. 왜냐면 어머니가 너무 고통스럽다는 핑계로 운동을 피하려고 했기 때문이다. 아버지는 그런대로 혼자서 잘 알아 하시는데, 어머니는 내가 도와드려도 노력하려는 의지가 별로 없었다. 그런데 옆 병상에 계신 아흔에 가까운 할머니는 태도가 완전히 달랐다. 아파서 휘파람을 불어가면서도 아침부터 다리를 붙잡고 열심히 운동을 했다. 사위가 옆에서 너무 아프면 쉬어 가며 하시라 했더니, 할머니 왈, "아파도 참고 해야제…."

"아파도 참고 해야 한다"라는 이 말 한마디에 나는 가슴 찡한 감동을 받았다. 아니 인생에 대한 큰 깨달음 같은 것을 얻었다. 어쩌면 촌로村老의 이 평범한 한마디가 인생살이의 정답이 아닌가 싶었다. 그렇다. 아파도 참고 견뎌야 한다. 관절이 굳어지기 전에 노력을 해야 한다. 그런 노력 후에 행복이 보장되는 것이다. 아프다고 힘들다고 피하거나 대충하면 그 결과는 뻔하다. 수술이 잘 되었으니, 이제는 눈물을 머금고 다리를 굽히고 펴는 운동에 최선을 다해야 한다. 이 부분

만큼은 의사나 가족에게 의지할 것이 아니라 환자 자신이 풀어야 할 문제다.

옛말에 "길이란 걷지 않으면 목적지에 닿을 수 없고, 일이란 하지 않으면 이룰 수가 없다路不行不到, 事不爲不成"라고 했다. 우선 편하자고 지금 해야 할 일을 소홀히 했다가는 뒤에 가서 다리를 사용하는 데 크게 불편할 것이다. 우리 부모님도 만년에 다리를 행복하게 쓸 수 있을 것이란 확신 속에서 아픔을 잘 참고 노력하셔서 좋은 결과가 있기를 간절히 기원한다.

두려움과 도전

딸애가 초등학교 5학년 때 이사를 했다. 그 때문에 딸애 학교도 시내 저쪽에서 이쪽으로 옮기게 되었다. 새로운 학교에 대한 두려움 때문에 딸애는 많이 불안해했다. 아니나 다를까 첫날 엉엉 울면서 학교에서 돌아왔다. 아무리 힘들어도 버스 타고 다닐 테니 이전 학교로 다시 전학을 시켜 달라고 떼를 썼다. 어떻게 설득을 해야 좋을지 몰라 고민하다가 이런 제안을 하나 했다. "그래 좋다. 다시 전학을 시켜 주마. 대신 아빠 부탁을 하나 들어주는 조건이다. 앞으로 아홉 번을 더 울어 열 번을 채우면, 바로 그날 옮기도록 해 주마."

딸은 의외로 이 말에 동의를 해 줬다. 그런데 이튿날 딸애는 환하게 웃으면서 돌아와 이제 전학을 가지 않아도 된다고 했다. 이유를 물어 보니 친구가 생겨서 친하게 지내기로 해서란다. 상황이 이렇게 쉽게 끝날 줄은 꿈에도 생각 못했다. 참 싱겁다는 생각이 들면서도 다행이라 싶어 쾌재를 불렀다. 그 딸애가 지금은 커서 대학생이 되었고, 간혹 틈이 날 때면 그때 그 추억을 반추하며 인생에 대한 두려움과 도전에 대한 이야기를 나누곤 한다.

그렇다. 누구에게나 미지의 세계란 두렵고 불안하기 마련이다. 물론 정도의 차이는 있겠지만, 인생의 경륜이 짧고 경험이 부족한 사람일수록 이런 현상은 더 심각하지 않을까 싶다. 그러나 학교를 졸업하고 직장을 잡고, 또 결혼을 하고 자식을 낳고, 더 나아가 중년으로 노년으로 인생을 살아갈 때까지도 언제나 불확실한 미지의 세계는 변함없이 우리를 긴장하게 한다. 그래서 아무리 오래 살고 경험이 많은 사람이라 할지라도 이런 운명에서 자유로운 사람은 하나도 없다.

불안은 우리가 원하는 달가운 것이 아니다. 하지만 이것이 우리에게 주는 의미는 달리 해석될 수도 있다. 불안을 극복하기 위해 노력하는 과정에서 인생의 값지고 의미 있는 일들이 이뤄지고, 또 그 과정에서 행복이 만들어지기 때문이다. 그래서 '불안도 행복의 씨앗이 될 수 있다'는 논리가 여기서 나오게 된다. 미답未踏인 미래에 대해 불안을 쉽게 극복할 수 있는 유일한 길은 무모하다 싶을 정도로 용감하게 도전하고 노력하는 일뿐이다. 때로는 크게 염려했던 것이 용두사미처럼 별것 아닌 것으로 끝나는 경우도 많다. 우리 딸애의 전학 이야기처럼 말이다. 단지 몰라서 불안할 뿐이다.

물론 어떤 일을 별 생각도 없이 선부르게 판단하고 성급하게 추진하는 건 위험한 일이다. 그래서 옛말은 반드시 '삼사이행三思而行', 즉, "세 번을 생각하고 난 다음 행동을 해야 한다"라고 말한다. 여기서의 세 번이란 깊이 생각하란 말이다. 그러고 나서는 '백절불굴百折不屈', 즉, "백 번의 좌절을 당할지라도 굴복하지 말아야 한다"라고 글은 부언附言한다. 앞 구절은 신중함과 과단성, 뒤 구절은 굽힐 줄 모르는 도전 의식과 근성을 강조하고 있다. ≪주역周易≫에서 말하는 '독립불구獨立不懼' 정신도 같은 맥락이다. "홀로 우뚝 서서 그 어떤 것에도 두려워하지 말라"라는 뜻이다. 가히 미래에 대한 두려움과 불안을 가진 우리에게 큰 용기가 되는 말이 아닐 수 없다. '홀로 서서 두려워하지 말라'는 말, 좋은 말이지만 쉬운 일은 아니다. 쉽지 않기에 그렇게 해서 일궈 낸 일은 값지고 귀하다.

나는 우리나라가 중국과 국교를 맺게 되자마자 바로 중

국으로 유학을 갔던 사람이다. 당시 중국 유학에 관한 아무런 정보도 없었고 방법도 모르는 상황에서 모든 것을 혼자 해결해야 했다. 입학 허가를 받는 과정에서 겪었던 수많은 어려움, 여행사를 통하지 않고 혼자 여권을 만들고 비자를 받느라 뛰어다녔던 고단한 발품, 경비를 줄인다고 비행기가 아닌 배를 타고 인천과 천진을 오가며 보내야 했던 아깝고 소중한 긴 시간들, 적성敵性 국가였던 중공 군복 차림의 공안公安들을 보고 숨도 제대로 쉬지 못했던 그 두려움 등등….

지금 와서 가만히 생각해 보니, 마치 높은 나뭇가지 끝에 몇 날 며칠을 불안스레 매달려 있다가 방금 땅으로 내려와 다리가 후들거리는 느낌이다. 비록 보잘 것 없는 결과지만, 지난날 홀로 서서 두려움을 극복해 가며 유학을 준비했고, 그 유학을 통해 수확한 지금의 이 조그마한 결실 앞에서 난 참으로 행복하다. 어려움은 기본이었고 실수와 좌절과 고통과 함께했던 그 세월들, 그리고 그 긴장감…. 어쩌면 이들 때문에 지금의 행복감이 더 진하게 느껴질지 모른다.

현실 속의 고민과 고통, 불안과 두려움은 늘 우리에게 불만일 수 있다. 하지만 '모든 것은 다 순간이고, 지나간 것은 항상 그리워지는 법'이라고 노래한 푸시킨의 이 말이 그냥 값싼 위로가 아닌 것임에 틀림없다. 돌이켜 보건대, 지난날 참으로 감내하기 힘들었던 수많은 일들도 이제 와선 모두가 아련한 추억으로 기억되고, 어떤 대목에서는 그때 그 시절이 그리워지기도 한다. "그리워? 그럼, 그때로 다시 돌아가고 싶나요?"라고 묻는다면, 단호하게 대답하고 싶다. " 노No! 노! 노! 노! 노! 절대 노!"

"동해물과 백두산이 마르고 닳도록"

내겐 중국에서 유학할 때 찍은 특별한 사진이 한 장 있다. 서른 중반에 찍은 지저분한 사진이다. 숱도 얼마 안 되고 별로 아름답지도 않은 수염을 기르고 찍은 사진이다. 왜 아름답지도 않은 수염을 길렀던가? 참으로 엉뚱하고도 치기稚氣 어린 생각 하나가 나를 흥분시켰기 때문이다. 결론부터 말하자면, 내 자신이 서예 붓이 되어 내 턱에 붙어 있는 살아 있는 수염으로 작품을 한 번 써 보자는 호기 때문이었다.

턱에 매달려 생명을 가진 '수염 붓'…, 구태여 이름 붙여 말하자면 '생수필生鬚筆'인 셈이다. 이 붓으로 의미 있는 작품을 한 번 써 보고 싶었던 것이다. 계획은 이랬다. 수염이 충분히 길어 붓 역할을 할 수 있게 된 어느 날, 붓만 빼 놓고 나머지 문방사우文房四友를 등에 지고 우리 민족의 영산 백두산에 오른다. 천지天池의 물을 떠서 벼루에 부어 가늘게 먹을 간다. 새하얀 화선지를 연못가에 펼쳐 놓고 일필휘지로 우리나라 애국가를 내려 갈긴다. "동해물과 백두산이 마르고 닳도록, 하느님이 보우하사 우리나라 만세…." 와우! 생각만 해도 글을 쓰는 지금 흥분이 되어 가슴이 떨린다. 이 얼마나 멋지고 낭만적이며, 풍류에 찬 모습인가?

그런데 집안일로 일시 귀국할 일이 생겼다. 고향 하동으로 가기 위해 진주역 대합실에서 기차를 기다리고 있는데, 갓을 쓰고 수염을 기른 노인 한 분이 지팡이를 들고 달려들더니 막무가내로 나를 후려갈기려 했다. "젊은 놈이 어디 수염을…." 그 어르신에게는 젊은 내가 수염을 기르고 있는 것이 무례로 보였던 모양이다. 어르신에 대한 도전이라 생각하셨던 모양이다. 감히 권위의 상징인 수염을 새파랗게 젊은 것이 매달고 있었으니 얼마나 열을 받으셨을까?

구사일생으로 자리를 피해 지팡이에 맞지는 않았지만 그건 약과였다. 고향에 갔더니 이웃집 '할배'와 '아재'들이 지팡이보다 더 날카로운 눈초리로 내 수염의 생존에 위협을 가해 왔다. 결국, 어쩔 수 없이 나의 '생수필生鬚筆'은 백두산 천지의 영기靈氣 한 번 맡아 보지 못하고, 먹물 한 번 묻혀 보지 못하고, 매정한 이발사의 '이발기'에 의해 쓰레기통에 버려지고 말았다. "산산이 잘려진 수염이여! 쓰레기통에 버려진 수염이여! 불러도 주인 없는 수염이여 ! 부르다가 내가 죽을 수염이여. …"

나는 중국에서 유학한 5년을 포함해서, 그 이후에도 백두산에 오를 기회가 여러 차례 있었다. 하지만 일부러 가지 않았다. 그건 언제가 될지는 모르지만, 반드시 '생수필'을 준비해서 가고 싶었기 때문이다. 그렇다면 내가 학교에 재직하고 있는 동안은 백두산을 오를 가능성은 거의 없다고 봐야 할 것이다. 재직 중에 수염을 기르기가 쉽지 않기에…. 그래서 퇴직 후에나 수염을 길러 가겠노라 느긋하게 살고 있던 중에, 불가피하게 백두산을 가야 할 일이 생기고 말았다.

경상대학교 평생교육원 원장을 맡고 있던 어느 날, 어쩔 수 없이 경남여성지도자과정 수강생을 인솔하고 백두산으로 해외연수를 다녀와야 했기 때문이다. 4일 일정으로 무사히 백두산을 잘 다녀왔고, 중국 쪽에서 오를 수 있는 북파·서파·남파 세 곳을 모두 다 밟아 보고 왔다. 여성 지도자로서의 국가관과 역할 등에 대한 입지立志를 다짐하는 귀한 시간이었다.

수염을 달고 가서 작품을 써 오지는 못했지만, 백두산과 천지의 다양한 모습을 바라보며 많은 감명을 받고 왔다. 처음에 오른 북파는 온통 안개에 덮여 한 치 앞도 볼 수가 없었다. 안타까움과 추위에 떨고 있을 때, 누군가가 노래를 흥얼거리기 시작했다. "동해물과 백두산이 마르고 닳도록…" 독창은 이내 조용한 합창이 되었다. 그러나 무심하게도 '기도'처럼 부른 애국가 제창은 아무런 기적을 만들어 보여 주지 않았다.

그런데 기도는 헛되지 않았다. 서파에 가서야 '불기둥' 같은 축복으로 돌아왔다. 잡티 한 점 없이 완벽한 모습을 보여 주었기 때문이다. 마지막 남파에서는 더욱 큰 감동을 만끽할 수 있었다. 사방 분간도 못할 정도로 자욱한 안개가 살며시 걷히면서 그 장엄한 속살을 보여 주었으니, 그 기적은 분명 애국가로 기도를 올린 덕분이었을 것으로 확신한다.

불현듯 한시 한 수가 머리를 스쳤다. "오로봉 산봉우리를 붓으로 삼고五老峰爲筆, 삼상의 물을 벼루 먹물로 삼으리라三湘作硯池, 푸른 하늘을 한 장의 화선지로 삼아靑天一張紙, 내 가슴 속의 시를 써 보리라寫我腹中詩." 얼마나 호방하고 스케일이 큰 내용인가? 순간, 나도 모르게 이런 흥얼거림이 흘러나왔다. "백두산의 천문봉을 꺾어 붓으로 삼고, 천지의 짙은 물을 먹물로 삼아, 저 푸른 하늘을 화선지 삼아서, 나 일필휘지 하련다 우리나라 애국가를….”

백두산에 올라 이루고자 했던 꿈 ‘수염붓’ 작품을 남기지는 못했다. 하지만 내 나라 대한민국의 평안과 안녕을 비는 기도를 담아, 맘속으로나마 백두산 푸른 상공에 애국가 작품 한 폭을 써 놓고 왔으니, 이는 영원무궁토록 내 마음속에서 살아 숨 쉴 것이요, 내 삶의 스토리에서 귀한 추억이 되어 줄 것이다.

지나침과 모자람

딸이 갓 태어났을 때 일이다. 아내가 밖에 일 보러 나가면서 내게 임무를 하나 주고 나갔다. 정한 시간에 애기에게 우유를 먹이라는…. 아내가 시킨 대로 했다. 미지근한 물에 우유를 타서…. 젖꼭지가 뽑힐 정도로 있는 힘을 다해 우유를 빨고 있는 딸애의 모습을 내려다보고 있는데, 너무나 행복해서 눈물이 핑 돌았다. '내' 핏줄을 타고 난, '내' 아이가, '내' 도움을 받아 이렇게 맛나게 우유를 먹고 있다니…. 그냥 모든 것이 감동 그 자체였다.

그런데, 애가 어느 정도 우유를 먹고 난 다음에는 고개를 돌리더니 물고 있던 젖꼭지를 빼버렸다. 먹을 만큼 먹었다는 뜻이었을 것이다. 그런데 그건 내 '상식'과는 좀 달랐다. 애초에 내가 준비했던 그 양은, 애를 제일 잘 아는 아내가 적당하게 맞춰 준 양이었고, 또 남긴 그 양은 어중간해서 아깝게 버려야만 할 것 같았다. 그래서 애가 이리저리 고개를 돌리면서 피하는데도 불구하고, 우유병을 꾹꾹 눌러 가며 남아 있던 그 '몇 방울'을 억지로 다 마시게 했다.

사단事端은 여기서 터지고 말았다. 내 생각에는 그것이 '몇 방울' 안 되는 적은 양이었지만, '떡애기*' 딸애에게는 감내할 수도 감당할 수도 없는 그런 양이었던 모양이다. 참다못한 딸은 마침내 지금까지 먹었던 우유를 다 토해 내고 말았다. 묻힌 수도관에서 물이 터져 하늘로 솟구쳐 오르듯…. 그때 딸애가 말을 할 줄 알았더라면 고함쳤을 것이다. "어떻게 이럴 수가 있냐고…." 그러나 나도 애가 말귀를 알아들을 줄 알았다면 나름 한마디 했을 것이다. "그래도 그렇지…, 그 몇 방울 억지로 먹였다고, 아깝게시리…."

우리는 평소 '과유불급過猶不及'이라는 말을 자주 쓴다. 너무 지나친 것은 모자라는 것과 같다는 의미다. 대유大儒 공자님의 말씀이니 그렇게 믿어야 할 것이지만, 솔직히 나는 평소 모자라는 것보다는 그래도 좀 더 지나친 것이 낫다는 생각

* 갓난아이의 전라도 사투리.

으로 살아왔다. 하지만 지난날 내가 딸애에게 저질렀던 이 못난 실수를 통해 얻을 수 있었던 이치 하나는 '지나침이나 모자람이나 매일반이라면, 차라리 모자람이 더 낫겠다'는 결론이다. 왜냐면 일상에서 우리가 그 '지나침'을 위해 지불해야 하고 잃어야 하는 손해가 더 많기 때문이다.

요즘 들어 크게 유행하고 있는 어휘가 하나 있다. '독친毒親'이다. '자녀 인생에 독이 되는 부모'라는 말이란다. 분명 자녀 입장에서 만들어진 신조어일 것이다. 부모 입장에서 볼 때, 이런 표현은 참으로 섭섭한 표현이 아닐 수 없다. 어찌 부모가 자녀에게 독이 될 수 있단 말인가? 부모의 심정을 몰라도 너무도 모르고 하는 소리이다. 하지만 자녀 입장에서는 또 다를 수가 있다. 아무리 자식에 대한 '사랑'이요 '관심'이라 할지라도, 지나치게 강요하는 부모들의 간섭과 단속은 더 이상 받아들일 수가 없다 싶어 '독친'이라 했을 것이다. 문제는 부모에게 있을까? 자녀에게 있을까? 역시 부모 쪽에서 답을 찾는 게 더 빠르지 않을까 싶다.

답이라 해 봤자, 우리 부모들이 자녀의 실제적인 능력과 취향 등등에 따라 실사구시*實事求是 정신을 실천하는 것 외에 달리 방법은 없을 것 같다. 부모의 지나친 욕심이 지금 우리

* 사실에 입각하여 진리를 탐구하려는 태도.

자녀들을 폭발 정점으로 내몰고 있는 건 아닌지 깊이 생각해 볼 일이다. 신문 기사를 보았더니 최근 5년간 초·중·고교생이 거의 나흘마다 한 명씩 자살을 하고 있고, 자살 원인 1위는 가정문제라고 했다. 그리고 우리나라 어린이·청소년의 행복지수는 6년째 OECD 소속 국가 중 최하위라고 했다.

전문가들은 지적한다. 아이들의 불행과 일탈 배경에는 부모의 영향이 적지 않다고…. 특히 고학력 부모들일수록 자기 욕심대로 자녀들을 길들이려고 하다 보니, 자녀 인생에 치명적인 독이 되는 '독친'의 늪에 빠져들곤 한단다. 정도만 좀 다를 뿐이지 우리 모두의 이야기가 아닌가 싶다. 누구나 자식이 잘 되기를 바라는 마음은 인지상정이기 때문이다. 배곯지 않고 우리 자식들이 행복하게 살아가야 할 텐데, 그렇지 못할까 봐 미리 자식들을 단속하다가 '독친'이란 소리까지 듣게 된 것이다.

옛말에 "하늘은 녹祿 없는 사람을 내지 않고, 땅은 이름 없는 풀을 내지 않는다天不生無祿之人, 地不長無名之草"라고 했다. 태어난 이상, 누구도 굶어 죽지는 않는다는 위안의 말이다. '하늘'과 '땅'은 자식들을 궁지로 몰아가는 이 세상 '독친'들에게 속삭인다. '녹祿'과 '이름名' 때문에 너무 불안해하지 말고, 여유를 좀 가지고 사시라고…. '독친'이 되지 않아도, 자식들은 다 살아갈 길이 있다고….

말은 훌륭하지만, 현실적으로 실천하기가 쉽지 않아 참 고민이 많다. 그러나 '독친'이라는 원망을 듣지 않으면서 자식들을 잘 양육할 수 있는 지혜는 분명 있을 것이다. 그것을 위해 오늘도 기도한다. 이 기도가 꼭 상달될 수 있기를 '또' 기도할 뿐이다.

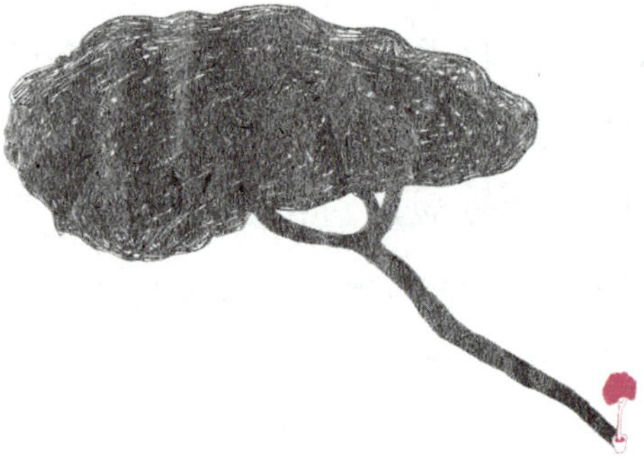

내 얼굴이 어때서

텔레비전에서 가수 전영록 씨가 인터뷰를 하고 있는 모습을 보았다. 옛날 자료인가 했는데 최근 인터뷰였다. 분명 나보다 나이가 많은 걸로 알고 있었는데, 한참 동생처럼 보였다. 몇 살이나 많을까 궁금해서 인터넷에서 검색을 해 보았다. 나보다 4살이나 많았다. "이럴 수가 …."

며칠 전 나보다 연세가 좀 더 많으신 교수님을 모시고 식사를 하러 갔다. 식당 종업원이 음식을 가져와서 식탁에 놓는데, 내 앞에 먼저 밥과 국을 놓았다. 미안해서 얼른 교수님 앞으로 옮겨 놓기는 했지만, 내 가슴속에서는 아물지 않은 상처에 소금기가 저며 드는 것과 같은 아픔이 밀려왔다. 오늘도 내가 그리 많이 늙어 보였단 말인가? 애써 자신을 위로하기로 했다. 아마 종업원은 연로해 보이는 순서로 밥과 국을 놓은 것이 아니라, 누가 계산을 할 사람인지를 눈치 채고 날 먼저 챙겼던 것일 거라고….

내친 김에 나이 얘기 하나 더 할까 한다. 어느 행사에 강의를 하러 갔다. 좀 일찍 도착해서 강당 객석 맨 뒷줄에 앉아 있었는데 담당자로부터 전화가 왔다. 어디쯤 오고 계시냐고. 이미 도착해서 강당 뒤쪽에 앉아 있다고 했더니, 전화기를 들고 통화를 하면서 내 앞으로 다가왔다. 전화를 끊으면서 하시는 말씀, "진작부터 앉아 계시는 걸 보긴 했는데, 이력서 사진하고 너무 달라서 아닌 줄 알았네요."

"그래서 뭘 어쩌라고? 내가 잘못한 게 뭐가 있냐고?" 강의고 뭐고 뚜껑이 팍 열릴 것만 같았다. 그래서 나도 모르게 화를 벌컥 내면서 이렇게 말하고 싶었다. "아니, 선생님은 이력서 낼 때마다 매번 사진 새롭게 찍어 '뽀샵'도 하지 않은 그런 사진 붙여서 내시나요?" 그런데 그분 가슴에 달린 신분증 사진을 보는 순간, 뭔가 모를 한없는 여유가 생기는 것 같았다. 그분 사진은 자기 부모도 못 알아볼 정도의 지난날 '공주' 사진이었다. 조용히 웃으면서 악수를 청했다. 그리고 속으로, 흥얼거렸다. "사돈…, 남의 말 하고 계시네요."

실제로 나는 내 나이보다 좀 많이 늙어 보인다는 것을 부정하지 않는다. 내가 생각하기엔 지극히 정상적인 속도로 늙어 가고 있는 것 같은데 남들이 볼 때는 아주 많이 늙은 것으로 보는 경우가 많다. '정서적 시력'이 꽤 심각하신 어떤 분은 여덟 살 아래인 내 아내에게 내가 친정아버지냐 묻기도 한다. 이럴 때는 충격을 넘어서서 웃음이 나온다. 그러고는 만고진리 한마디를 조용히 되뇐다. "다 늙어간다, 조만간의 차이가 있을 뿐이다."

물론 나도 젊어 보였으면 좋겠다는 바람이 없는 것은 아니다. 그래서 나보다 젊어 보이는 연장자들을 보면 참 부럽기도 하다. 하지만 바람일 뿐이지 젊게 보이기 위해 노화에 저항이라도 하듯 그렇게 대응하고 싶지는 않다. 자연스럽게 노화를 받아들이면서 스트레스 받지 말고 늙어 가자는 다짐이 오늘의 내 기도이기도 하다. '멋지게 늙어 가는 것'을 '웰에이징well-ageing'이란다. 탱탱한 얼굴에 건강한 정신으로 만년晩年을 살아가는 모습일 것이다. 그러나 요즘 탱탱한 얼굴 만드는 방법들은 수천수만 가지지만, 건강한 정신을 만드는 방법이나 노력은 전자前者보다 훨씬 뒤지지 않나 싶다.

정신적인 건강이 중요한 오늘이다. 외모지상주의로 성형외과가 너무나 바쁜 세상이 되었다. 정신이 건강하고 강하면 외모가 심하게 변화되어 가더라도 적절하게 소화해 낼 수 있지만, 정서적으로 성숙에 문제가 있으면 최상의 외모를 갖추고서도 또 다른 결점을 찾아가면서 스스로 불만과 불행을 자초하기도 한다. 그래서 "축복이란 없는 것을 만들어 내는 것이 아니라, 가지고 있는 것을 발견하는 것"이라는 말의 이치를 다시 한 번 생각해 보게 된다.

이력서의 사진은 변하지 않는데 내 얼굴은 하루하루 변해만 간다. 추억들은 늙지 않고 그대로 있는데 세월은 나를 자꾸 재촉한다. 그러나 나는 기도하련다. 얼굴의 주름보다는 마음의 주름이 없기를…. 두상의 흰머리는 늘어 가고 빠질지라도 가슴 속의 열정만큼은 예나 지금이나 변함없기를…. 오늘, 아니 내일의 내가 어떤 모습으로 변해 있든 그냥 있는 그대로 감사하며 살아갈 수 있기를…. 남들이 충격적인 말을 해도 여유롭게 고개 끄덕이며, 부처님의 인자하신 미소로 화답해 줄 수 있기를….

행복을 위한 고민과 선택

길가에 버려진 반듯한 나무 판때기 하나만 보아도 눈길이 간다. 저것 하나만 있으면 책꽂이를 하나 짤 수 있을 텐데…. 이국의 어느 낯선 길가를 걷다가도 풀이 수북하게 나 있는 곳을 보면 눈이 한 번 더 간다. 저 정도면 꼴 한 망태 30분이면 충분하겠는데…. 모두 어린 시절 모든 것이 결핍된 시골에서 자란 탓이다.

밭에서 김을 매다 너무 힘들면 나무하러 간다고 할 걸 후회하고, 나무를 한 짐 해서 삐질삐질 땀을 흘리며 내려올 때는 가만히 앉아 김을 매는 친구가 그렇게도 부러웠다. 나이는 어렸지만 시골에서 약간의 노동을 통해 인간의 간사한 본성을 깨달아 가고 철이 들어가던 과정이 아니었나 싶다. 무엇을 해도 힘들지 않은 일이 없고, 남이 하는 일은 뭐든 쉬워 보이고 좋아 보이는 세상의 불편한 진실 말이다.

그동안 세상은 말로 표현할 수 없을 만큼 좋아지고 환경은 개선되었지만 그 불편한 진실은 여전하니, 이는 분명 간사한 우리네 마음이 조금도 변하지 않았다는 증거일 것이다. 그러기에 매 순간 선택의 연속인 내 인생 앞에서 오늘도 프로스트의 '가지 않은 길'을 읊조리며 인생행로에 대한 선택과 그에 따른 후회와 미련 등을 생각해 보게 된다.

언젠가부터 '선택 장애'라는 말이 우리 모두의 '공감어'가 되었고, 우리는 이런 장애 속에서 하루하루를 살아간다. 하도 변수 많은 세상이라 작게는 무엇을 먹을 건가로부터 크게는 어떤 진로나 직업을 선택할 것인가에 이르기까지 판단에 자신이 없다. 짧은 청춘, 짧은 인생에 시행착오를 겪지 않기 위한 지혜가 필요하지만, 세상은 갈수록 요지경이니 누구에게 길을 물어도 확신이 서지 않고 또 만족을 찾기에도 힘이 든다.

먹을 것이 사과밖에 없던 그 옛날에는 사과만 먹으면서도 참으로 행복할 수 있었고 그 만족감에 감사할 수 있었다. 그러나 지금은 그렇지 못한 것 같다. 사과를 먹으면서 복숭아를 생각하고 복숭아를 먹으면서는 사과를 생각하는 세상이다. 이것을 선택하고 보니 저것이 좋은 것 같고, 최고인 줄 알았는데 누리고 보니 그게 아닌 경우도 많다. 그러니 만족할 수도 감사할 수도 없고 결국 행복지수는 옛날만 못하다. 아이러니지만 불편한 진실이다.

한 조사에서 자녀의 직업에 대한 희망을 물었는데, 높은 연봉과 높은 지위를 가진 직업을 원하는 학부모가 73%, 자아실현이나 즐거움, 그리고 적성을 중시한 학부모는 20.3%였다고 한다. 전자를 선택한 우리 부모들은 자녀의 행복이 부와 명예에 있나고 판단했던 것일까? 아니면 자녀의 행복과는 무관하게 부모 자신의 만족을 위한 '속내'를 표현했던 것이었을까?

이런 현실과는 달리, 또 다른 한 조사는 진정한 행복에 대한 중요한 시사점을 말해 주고 있다. "직업을 다시 선택할 수 있다면 어떤 요소를 가장 고려하겠는가?"라는 질문에 대한 답변이 곧 그것이다. 높은 보수의 일이 16.2%, 자아실현과 적성에 맞는 일이 49.3%, 스트레스 없는 일이 25%, 타인이 인정해 주는 '폼생폼사'의 일이 6.1%였다고 한다.

다시 정리하자면, 보수는 좀 적고 폼은 안 나도 좋아하는 일을 스트레스 안 받고 자아실현 해 갈 수 있는 일을 74.3%

가 원했다는 말이다. 그러나 세상에 이런 일이 어디 그리 많을까? 그렇기는 하지만 최대한 당사자 스스로가 자신의 적성과 의지에 따라 진로와 직업을 선택할 수 있다면 '가지 않은 길'에 대한 후회와 미련의 간극은 크게 좁아질 수도 있지 않을까 싶기도 하다.

나에게 가장 가까운 사람에게 물어본다. 이제 우리도 남 눈치 보지 않고, 자신이 좋아하는 직업을 자유롭게 선택해서 살아가도 부끄럽게 여기지 않는 그런 사회 풍조가 되면 좋지 않겠느냐고. 그렇다고 대답한다. 그래서 다시 물어본다. 그럼, 엄청 좋아하고 재미있기는 하지만 보수는 얼마 안 되고, 그런데다 육체적으로는 엄청 힘이 드는 일을 자식이 자아실현 운운하면서 그 길을 선택하려고 한다면? 바로 반응이 돌아온다. 사람 복장 터지는 일 보고 싶으냐고. 녀석에게 투자한 것이 그 얼마고, 쏟아 부은 정성이 그 얼마이며, 그런 일 시키려고 이렇게 개고생하며 살아온 것이냐고. 우리는 그 언제쯤 이런 아이러니 속에서, 그리고 불편한 진실 속에서 벗어날 수 있을까?

어느 봄날 이야기

휴일이다. 말 그대로 일하지 않고 쉬는 날이다. 일주일 동안 열심히 살다가 지친 심신을 추스르고 영혼을 힐링할 수 있는…. 모처럼 부모님을 모시고 꽃구경이라도 한 번 해 볼 생각으로 전화를 드렸더니 마침 잘 되었단다. 시장에 볼 일이 있는데 차 좀 태워 달라신다. 잠시 가져 보았던 나의 거창하고 사치스러웠던 망중한忙中閑의 봄나들이 상상은 그렇게 끝나고 말았다.

시골의 5일장은 언제나 포근하고 여유가 넘치는 모습이다. 촌로들의 걸음걸이에 바쁜 기색이란 찾아볼 수가 없고, 물건을 놓고 싸우듯 말을 섞어도 인정이 깔려 있고 전투적으로 맞받아치는 그런 느낌은 하나도 없다. 머릿속에 그려진 아버지의 동선은 물 흐르듯 자연스럽다. 물 끓여 먹을 옥수수를 튀겨 달라고 맨 먼저 맡겨 놓고, 감자 씨를 사고, 양동이를 사고, 보온용 비닐, 그리고 ….

한쪽에서 자그맣게 애원하는 목소리가 들린다. 할머니 한 분이 지난 장날에 산 포장을 노끈으로 바꿔 달란다. 주인아주머니 왈, 자기 가게 물건이 아니라서 그럴 수가 없단다. 오늘 문을 열지 않은 옆집 물건인 것 같은데 그것을 자기에게 바꿔 달라고 할머니가 떼를 쓰신단다. 울상으로 두 손을 비비는 할머니의 모습이 참으로 짠해 보인다. 옆에서 보고 계시던 어머니가 우리 집에 필요할 것 같다면서 대신 사 주신다. 그제야 할머니 얼굴에 화색이 돈다.

볼 일을 다 보고 맡겨 놓은 옥수수를 찾으러 갔더니 한 시간이면 된다고 했던 우리 집 옥수수, 한 시간이 훌쩍 넘었음에도 순서 제일 뒤로 밀린 채 아직 시작도 않고 있다. 불 보듯 뻔하다. 다른 사람들이 새치기를 한 것이다. 아버지가 화를 내신다. 역시 소리는 크지만 이치를 따지는 논리도 없다. 독기毒氣도 없다. 주인아주머니, 슬며시 미소 한 방 날린 후 우리 것을 맨 앞으로 끌어다 놓는 것으로 모든 상황 종료다.

길가에 앉아 봄볕을 쬐고 있는데 노끈에 묶인 강아지 네 마리가 낡은 오토바이 밑에서 코를 박고 샐룩거린다. 새 주인을 기다리고 있단다. 다들 귀엽다 하면서도 사는 사람은 하나 없다. 옆에서 화초 파는 부부는 돈 받기가 바쁘다. 시골 사람들이 삼천 원, 오천 원 아깝다 않고 꽃을 사 가는 모습이 참 이상해 보인다. 눈 들면 지천에 깔린 것이 다 꽃인데…. 이런저런 현상들도, 그려 보는 상상도 그냥 다 좋고 행복하다.

차부 옆에 가서 선짓국 한 그릇 하고 가자신다. 식당 안으로 들어갔으나 주인은 별 반응도 없다. 자리를 잡은 아버지, 어머니는 감자 씨 얘기만 하신다. 그러는 사이 주문도 하지 않은 음식이 나온다. 머릿수대로 자동 주문이 된 것이란다. 선택의 여지도 없는 식당. 너무나 평범한 음식. 그러나 참으로 맛있게 드시는 부모님 모습을 보면서 천상천하 최고의 점심이라는 생각이 든다. 든든하게 배가 불러 오면서 마음까지 흡족해진다.

구수한 옥수수 냄새가 차 안에 가득하다. 어머니가 뭔가를 입에 넣어 주신다. 치마 입고 분칠한 각설이 아저씨한테 산 엿이다. 값에 비해 양이 좀 적다 싶었는데 입에 넣고 오물거리다 보니 엿이 참 달다. 오늘 나 때문에 장을 잘 봤다고 좋아하시는 어머니로부터 사소한 일상의 행복이 느껴진다.

진정한 힐링이 무엇인지를 새삼 깨닫게 해 주신다. '잘 산다'는 의미가 무엇이고, '행복하다'는 의미가 무엇인지를 또 다른 각도에서 생각하게 해 주는 고마운 하루다.

중국 당나라 때 한 비구니가 지었다는 '심춘尋春'이란 시가 생각난다. "하루 내내 봄을 찾았으나 봄이 보이질 않아, 짚신이 다 닳도록 산위 구름 속까지 헤맸네. 집으로 돌아와 웃고 있는 매화 향기 맡으니, 봄은 이미 나뭇가지 위에 농해 있었네盡日尋春不見春, 芒鞋踏遍嶺頭雲. 歸來笑拈梅花嗅, 春在枝頭已十分." 그냥, 모든 것에 고맙고, 모든 것에 미안한 마음이 드는 하루다. 아침에 그렸던 유원지 꽃 나들이보다 몇 백 배나 더 힐링이 되고 더 행복한 하루다. 행복은 항상 가까이에 있다는 말, 빈말이 아니다.

내 목소리가 어때서?

나는 한때 목소리 콤플렉스를 가지고 살아왔다. 반추하고 싶지 않은 기억이지만 감수성 예민하던 나이에 나름 감내하기 힘든 트라우마를 겪고 나서부터다. 고등학교 때 어느 여학생으로부터 편지 한 통을 받았다. 사귀고 싶다는 내용이었다. '불감청고소원[*]不敢請固所願'이라. 얼마나 원했던 일인가? 그랬으니 또 얼마나 기뻤을까? 주체할 수 없는 흥분을 억누르며 쌍수 들고 동의했고, 그날부터 우리는 이틀이 멀다하고 편지를 주고받으며 교제를 시작했다.

알고 보니, 그 여학생은 중학교 때 나를 가르쳐 주셨던 국

* 감히 청하지는 못하나, 원래부터 몹시 바라던 바.

어 선생님의 딸이었다. 아빠가 가지고 오신 중학교 졸업앨범 속에서 나의 사진과 주소를 보고 연락을 하게 된 것이라고 했다. 나는 스승님 몰래, 그 여학생은 아빠 몰래, 우리는 그렇게 고등학교 시절의 로맨스를 만들어 갔다. 그러나 2년 넘게 사귀면서도 얼굴 한 번 본 적도 없었고, 목소리 한 번 들어 본 적도 없는 그야말로 청정무구한 이성교제 펜팔로서의 사귐이었다.

그러던 어느 날 얼굴을 한 번 볼 수 있는 기회가 생겼다. 어떤 일로 그 여학생이 사는 도시에 가게 되었는데 전화를 하면 약속 장소로 나오겠다고 편지로 약속을 했다. 1년에 한 번 만나는 견우직녀보다 더 값진 만남이라 얼마나 설렜는지 모른다. 아니 얼마나 떨렸는지 모른다. 만남의 날, 마침내 장소를 알려 주기 위해 내가 전화를 걸었고, 그녀는 전화를 받고 곧 나오겠다고 했다. 하지만 어쩐 일인지 그날 저녁 그녀는 약속 장소에 나타나지 않았다. 그렇다. 내가 바람을 맞았던 것이다. 며칠 뒤 편지 한 장을 받았다. 편지는 내게 물었다. 남자가 맞느냐고? 경상도 사람이 맞느냐고? 그리고 청천벽력과 같은 구절이 쓰여 있었다. 이제 그만 사귀었으면 좋겠다는….

이유는 그랬다. 전화를 받았을 때 여자애 같이 가는 목소리와 전라도 말투를 쓰고 있는 것에 너무 실망했기 때문이라고 했다. 세상에…. 나에 대하여 무엇을 어떻게 상상했기에 2년 넘게 사귄 공든 탑을 이렇게 허무하게 무너뜨려 버리다니? 일반적인 남자애들보다 목소리가 좀 가는 것이 그렇게 충격이었을까? 전라도와 경상도가 접해 있는 내 고향 화개 지역 말투에 전라도 억양이 좀 섞여 있기로서니 그렇게 실망이었을까? 사춘기 소녀가 남성답지 못한 내 목소리에 그토록 큰 충격을 받았다면, 나는 좋아했던 여학생의 그런 반응과 결과에 얼마나 더 큰 상처를 받았을까?

나는 대학 때 연극을 하면서부터 정확한 발음과 표준말을 쓰는 데 주력했다. 그 결과, 일상에서까지도 연극을 위해 다듬어진 말투를 많이 사용하게 되었고, 마침내는 구수한 내 고향 화개말도 많이 다듬어 쓰게 되었다. 물론 처음에는 정확한 연극 언어를 구사하기 위한 목적이었지만, 그 이면에는 청소년기 때 겪었던 목소리 트라우마도 크게 한몫하지 않았나 싶다. 그 덕분에 억양과 어투는 지역적 특색에서 다소 벗어날 수 있었지만, 미성微聲인 목소리만은 아직도 그대로다. 목소리는 고칠 수 없는 천성이기 때문이다. 한때는 고민했던 목소리, 그러나 지금은 오히려 감사하게 생각한다.

어떤 행사장에 강연을 가면 먼저 진행자가 나를 소개해

준다. "이러저러한 경력의 교수님을 모시겠습니다. 박수로 환영해 주시기 바랍니다." 나는 경건한 분위기 속에서 청중들이 다소 경계하는 듯한 느낌을 받으며 단상에 오른다. "반갑습니다. 방금 소개받은 누구라고 합니다." 인사를 하는 순간, 이곳저곳에서 고개를 숙이고 킥킥거리는 소리가 들려온다. 청중의 반응에 내가 "왜 여러분들이 웃는지 저는 잘 알고 있습니다"라고 하면 대부분 더 빵하고 터진다.

근엄하시고 멋진 교수님을 기대하고 있었는데, 외관적으로도 볼품이 없는 데다가 목소리까지 이웃집 '아지매' 같으니, 모든 경계의 벽이 단숨에 허물어져 버리는 것이다. 성공적인 강연은 보통 이렇게 연사와 청중들 간의 편안한 관계에서 비롯되는 경우가 많다. 축복이다. 참으로 감사할 일이다. 한때는 한숨과 눈물의 근원이었던 내 목소리가, 지금은 이처럼 기쁨과 행복으로 해석될 수도 있으니, 이보다 더 감사할 일이 또 어디 있을까 싶다.

며칠 전, 주차할 곳이 마땅하지 않아 좀 불편한 곳에 차를 대 놓았는데 아니나 다를까 전화벨이 울렸다. 공손하게 전화를 받았다. "예, 한상덕입니다." 대뜸 상대방이 너무 너무나 자연스럽게 말한다. "사모님, 차 좀 빼 주이소." "…" 차를 빼러 가는데, 불현듯 고등학교 때 나를 차 버리고 떠나간 그

펜팔 여학생이 생각났다. 처절한 실연 속에서 당시 울부짖으며 읊조렸던 시가 떠올랐다. 김소월의 '초혼'이다. "산산이 부서진 이름이여/ 허공중에 헤어진 이름이여/ 불러도 주인 없는 이름이여/ 부르다가 내가 죽을 이름이여…."

차를 옮겨 놓고 돌아오면서 흥얼거렸다. 나미애의 노래 '여자라는 이유로'다. "누구나 웃으면서 세상을 살면서도/ 말 못할 사연 숨기고 살아도/ 나 역시 그런저런 슬픔을 간직하고/ 당신 앞에 멍하니 서 있네/ 언제 한 번 가슴을 열고 소리 내어/ 소리 내어 울어 볼 날이/ 여자라는 이유로 묻어 두고 지낸 그 세월이 너무 길어요."

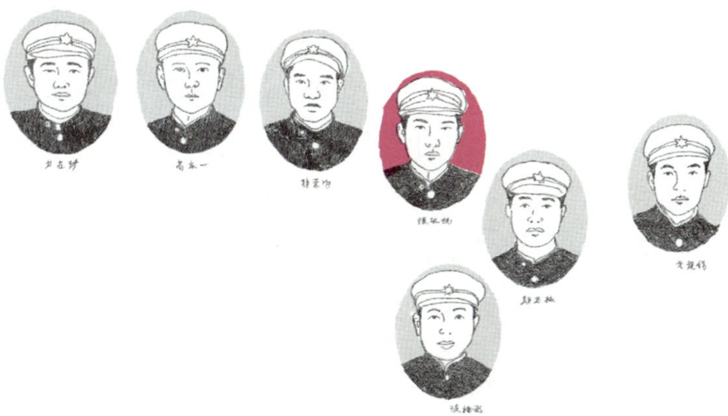

힘내라
내 딸아

딸이 1년 반 동안 메이크업 교육을 받고 취직을 했다. 물론 아직 정식은 아니다. 3개월간 수습 기간을 마쳐야 정식으로 봉급을 받게 된다는 세칭 '열정페이'의 주인공이다. 그 어떤 일보다 뷰티 방면에 재미를 느끼고 있고 또 재능도 제법 따라 준다 싶어 기쁜 마음을 감출 수가 없다. 힘들어도 밤을 샐 수 있는 열정이 있고, 또 그런대로 강한 집중력과 도전 정신을 가진 것 같아 다행이다 싶다. 그런데 문제는 하는 일이 너무 힘들단다.

이때, 부모가 딸에게 해 줄 수 있는 일이 무엇일까? 물론 교과서적인 이야기로 세상 이치를 잘 설명해 주는 것이 그 첫 번째 순서일 것이다. 세상에 쉬운 일이 어디 있느냐고, 처음에는 다 그런 것이니 참고 견디라고…. 그런데 처음에는 그런대로 '약발'이 먹히는 듯하더니, 요 며칠은 이런 말에도 시큰둥한 태도다. 다음 단계 처방이 막막해진다.

그런데 얼마 전 신문 기사를 보니 이런 고민은 나 혼자만의 고민이 아닌 것 같다는 생각이 들었다. 대단한 실력과 스펙으로 번듯한 직장, 꽤 '괜찮은' 직장에 들어갔는데, 얼마 지나지 않아 쉽게 포기해 버리거나 이직하는 현상이 갈수록 심각해지고 있다는 기사였다. 힘없는 '을'의 한숨 소리가 아니라, 아이러니하게도 취업의 칼자루를 쥔 '갑'의 한숨 소리도 만만찮다는 지적이었다.

대한상공회의소에서 406개 기업을 대상으로 2009년에 입사한 신입 직원 중 1년 내에 퇴사한 비율을 조사해 보았더니, 중소기업이 40%, 중견기업이 24%, 대기업이 14%였단다. 퇴사 이유로, 업무가 전공과 적성에 맞지 않아서36%, 연봉과 복지후생이 만족스럽지 못해서21%, 근무 여건이 만족스럽지 못해서15%, 조직 문화에 적응을 못해서12% 등의 순서였단다. 어떻게 들어간 직장인데…. 남들이 얼마나 부러워하는 직장들인데….

물론 당사자들은 대안이 있어서 그랬을 테지만, 바라보는 부모나 제3자의 마음은 그저 안타까울 뿐이다. 내 딸도 좋아서 지금의 직업을 선택했지만, 이런저런 불만으로 1년 내에 현재 직장을 그만둘 가능성은 없을까? 그저 기도할 뿐이다. 잘 참아 낼 수 있는 지혜와 힘을 달라고…. 현실이 다소 생각과 다르고 너무 힘들다 할지라도 심사숙고해서 택한 길이니 최소한 '일만 시간의 법칙'이 진짜인지 가짜인지 한 번 확인해 보고 그만두게 해 달라고….

딸을 격려하기 위해 장석주의 시, '대추 한 알'을 문자로 보냈다. "대추가 저절로 붉어질 리는 없다. 저 안에 태풍 몇 개, 천둥 몇 개, 벼락 몇 개." 이내 답장이 왔다. "지금 태풍 하나를 겪고 있는 중인가 봐요. 붉은 대추는 4년 뒤에 보여 드릴게요. 아직은 푸른 대추 딸 드림." 불안 불안 하다가도 또 이런 말을 들으면 다소 안심이 된다. 지금 겪고 있는 이 고통, 성공한 사람들도 다 겪었던 고통이라 생각하고 잘 버텨 주길 간절히 기도한다.

요즘 여러 기업에서는 직장을 쉽게 포기해 버리는 똑똑한 인재보다는 좀 덜 똑똑하지만 진득하게 붙어 있을 '맷집' 좋고 성실한 사람이 더 간절하단다. TV에 나오는 그 대단한 달인들에게 박수를 보내 주고 그들을 존경하면서도, 요즘 세상엔 그런 삶과 고생을 원하는 사람들이 많지 않다는 말이다. 조금만 눈높이를 낮추면 이 세상엔 뭔가를 시작할 수 있는 일이 적지 않고, 조금만 참고 견디면 뭔가 답이 나올 듯도 한데, 출발부터 크고 좋은 것만을 기대하다 보니 이런 현상이 벌어지고 있는 것은 아닌지….

≪중용中庸≫은 말한다. "다른 사람이 한 번에 할 수 있으면 나는 백 번을 하고, 다른 사람이 열 번에 할 수 있으면, 나는 천 번을 한다人一能之己百之, 人十能之己千之." 무슨 분야 무슨 일이든 달인이 되고 제1인자가 되어 행복을 노래하는 사람들이 견지해 왔던 정신이요 실천이다. '일만 시간의 법칙'과 맥을 같이하는 고금의 진리다. 힘들어 눈물 흘리는 우리 딸에게 지면을 통해 응원한다. "우리 딸 파이팅!"

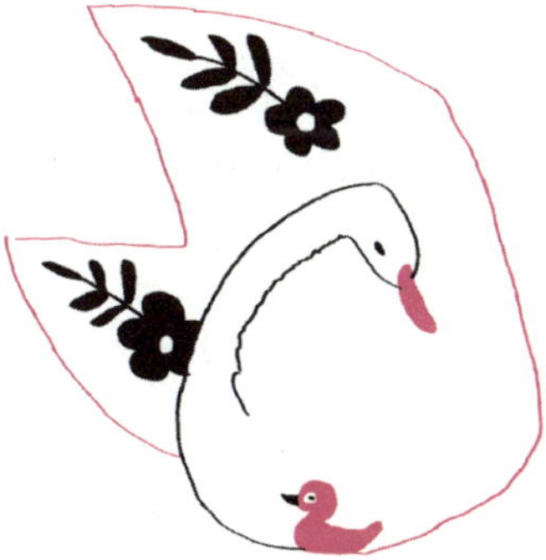

21세기와 변사 공연

일전에 멀리 강연을 갔는데 나를 알아보는 사람이 있었다. TV 다큐에서 보았단다. 알아봐 주는 것에 기분은 좋았지만 은근히 부담이 되었다. 영상을 통해 각인된 어떤 '환상'이 현실에서는 실망이 되는 경우가 종종 있기 때문이다.

그렇다. 나는 요 근년에 이러저러한 일로 방송을 여러 번 탔다. 봉사 활동의 일환으로 '변사 공연'을 한 것이 방송으로 소개되었고, 그 분이 나를 알아본 것도 이런 활동을 담은 다큐로 인한 것이었다.

변사 공연은 시대적으로 볼 때 다소 생뚱맞은 것일 수 있다. 21세기를 사는 오늘날 변사는 별 의미나 가치도 없는

'사문화死文化'로 해석될 수 있기 때문이다. 그렇지만 나의 변사 공연은 오랜 꿈의 실현이었고, 연로하신 어르신들에게는 마지막 만남일 수도 있었기에 나에겐 큰 의미와 소득으로 남게 되었다.

'변사'란 소리 없는 무성영화를 설명해 주는 해설사이다. 내가 공연했던 작품은 우리나라 마지막 변사 공연작으로 알려진 1948년 윤대룡 감독의 '검사와 여선생'이었다. 무성영화이기에 영화 속 등장인물 간의 대화는 물론이고, 장면 장면마다 해설과 지문까지 관객에게 전달해야 하는 것이 변사의 역할이다. 그래서 1인 10역을 한 셈이다.

변사는 기본적으로 뛰어난 감성과 예능을 갖추고 있어야 한다. 변사의 역량에 따라 영화가 살기도 하고 죽기도 하기 때문이다. 총천연색 시네마스코프CinemaScope 영화가 나오기 전, 잠시 우리나라 1940년대 전후를 풍미했던 참으로 눈물겨웠던 역사의 산물이다. 그 특정 시기 문화의 주역이었고 변사 공연의 매력과 감동에 울고 울었던 어르신들이 한 분 한 분 이별의 손을 흔들고 있다. 그래서 더 안타까운 오늘이다.

문화는 특정 환경에서 자연스럽게 생겨났다가 시대가 변하면 새 것에 밀려 자연스레 사라진다. 이것이 역사요 문화의 숙명이다. 그래서 노인 한 분이 세상을 떠난다는 것은 지구상의 한 역사가 사라지는 것이요, 한 시대 한 지역의 문화가 사라진다는 것을 의미한다. 슬픔의 의미가 하나에 그치지 않는 이유다. 그 중심에 변사 공연이 자리하고 있다.

오장육보를 쥐어짜는 듯한 절절한 대사로 관객들의 심금을 울리기도 웃기기도 하던 변사의 마력은 고등학생 때부터 내가 간직해 오던 꿈의 대상이요 인생 로망 중의 하나였다. 그 로망의 실천이 지난 변사 공연이었다. 능력의 한계와 준비 부족으로 부끄럽기 그지없는 공연이었지만, 그 초라한 몸짓 속에서도 자아실현을 위한 도전과 노력에 박수쳐 주신 내 고향 어르신들이 한없이 고맙기만 하다.

변사 공연은 하루하루 화석化石화 되어 가고 있다. 화려한 문화를 가진 21세기에 이를 다시 부활시킬 필요도 계속 발전시킬 이유도 크게 없다. 그러나 교육적으로 상상력과 창의력이 필요하고 사회성과 인성 교육이 절실한 오늘날 이를 훈련의 수단으로 활용해 보는 것도 참 좋을 듯싶다. 1인 다역도 좋지만 각자 배역을 맡아 함께 작업을 해 가면서 그 속에서 개인의 자기개발은 물론이고 서로가 소통하고 배려하는 법을 배우며, 공동 작업 속에서 개인의 노력과 인내가 얼마나 중요한지를 배우는 데 참 좋을 것이기 때문이다.

한 해를 정리하면서 새해를 계획해 본다. 새해에도 희망을 노래하고 싶다. 노신魯迅은 말했다. "희망이란 본래 있다고도 할 수 없고 없다고도 할 수 없다. 그것은 마치 땅 위에 나 있는 길과 같은 것이다. 본래 땅 위에는 길이 없었다. 한 사람이 먼저 가고 걸어가는 사람이 많아지면 그것이 곧 길이 되는 것"이라 했다. 먼저 길을 걸어가든 그 뒤를 따라가든 우리 모두의 일상이 새해에도 다 희망이 되었으면 참 좋겠다.

학점과
인생

대학의 3월은 특별히 활기로 충만하다. 고등학교를 갓 졸업한 신입생들이 '새 출발'이란 그 기분을 만끽하며 활보를 하다 보니 더 그렇다. 쉬는 시간이나 점심시간이면 캠퍼스가 진동을 한다. 3월은 교수들이 학생들에게 가장 인사를 많이 받는 달이다. 알든 모르든 나이가 좀 지긋한 사람이 지나가면 반사적으로 합창을 하기 때문이다. "반갑습니다." 고등학교 복도에서 선생님을 만났을 때의 모습 그대로다. 참으로 아름답다. 참으로 "반갑고, 고맙고, 기쁘다."

그런데 이런 분위기는 그리 오래가지 않는다. 경험적으로 4월 5월이 가고, 6월 7월이 되면 '신입'의 그 풋풋함은 서서히 사라지고, 마침내는 기성의 '재학생'으로 자리를 잡아 간다. 마냥 행복한 참새들처럼 조잘대던 모습은 신중해지고, 아무에게나 용감하게 하던 인사도 가려서 하게 된다. 그때쯤이면 덩달아 상승되었던 내 기분도 점차 차분해지면서 평상으로 돌아간다. 뭔가 씁쓰름한 마음과 함께….

신입생들이 재학생으로 자리 잡게 되는 계기는 중간고사 기말고사를 치르면서 시작되고, 발걸음이 다소 무거워지기 시작하는 것은 졸업과 취업에 대한 걱정이 현실로 나타나면서부터 본격화된다. 학점과 취업 문제는 대학 생활의 낭만을 가로막고 새로운 것에 내한 호기심이나 열망을 원천봉쇄해 버린다. 젊음과 패기가 있을 때만이 가능한 어떤 도전이나 일탈도 망설이게 한다. 포기하게 한다. 인생의 봄을 만끽하고 노래해야 할 우리 청춘들의 현주소다. 봄날이 봄날 같지 않다는 '춘래불사춘*春來不似春'의 현장이 아닐 수 없다. 참으로 안타깝다.

긴 호흡으로 차분하게 자신의 가치관을 정립해 가고 자존감을 바탕으로 당찬 미래를 준비해야 할 상아탑의 환경은 자꾸 좁아져 가는 듯하다. 학점 따고 취업 준비하는 직업학교처럼 변모해 버린 대학의 현실 속에서, 학생들은 대학 성

* 봄이 왔건만 봄같지 않음.

적이 취업에 큰 영향을 미친다는 위기의식 속에서 학점에 목을 맨다. 커닝 행위가 이뤄지고 부정행위가 갈수록 더 지능화되어 가는 것도 이런 불안에 따른 것이리라. 와중에 그래도 다행인 것은 깨어 있는 젊은이들이 있어 중심을 잡고자 노력하고 있다는 점이다.

언젠가 '부끄러운 A학점보다는 정직한 C학점이 낫다'는 플래카드를 내걸고 스스로 도덕성 회복을 외친 학생들이 있었다. 바로 이런 건강한 자신감이 참으로 대학생다운 모습이 아닐까 싶었다. 희망의 아이콘이라 할 수 있는 청춘들이 외칠 수 있는 아름다운 구호가 아닐까 싶었다. 어쩌면 당연한 일이지만 참으로 상큼 달콤하게 다가온다. 희망의 불꽃으로 해석된다.

연전에 가슴 뭉클한 이야기를 접한 적이 있다. 신입사원 채용 면접 때, 한 학생 성적표를 보니 다 좋은데 유독 한 과목만 성적이 안 좋더란다. 재수강을 해서 좋은 학점으로 바꿀 수도 있었을 텐데, 어찌 관리를 하지 않았느냐고 면접관이 물었더니 눈물을 글썽이며 대답하더란다. "그 학점에는 저의 불행한 가정사家庭事가 담겨 있답니다. 물론 바꿀 수도 있었지만, 애써 그 흔적을 감추고 싶지는 않았습니다."

취업 현장에서의 면접관은, 아니 인생살이에서의 면접관은 반드시 성적만으로 사람을 평가하지 않을 때도 많다. 삶이 얼마나 정직하고 얼마나 성실하고 얼마나 올바른 가치관을 가지고 살아왔느냐에 따라 그에게 후한 점수를 주기도 하고 그에게 좋은 자리와 행복을 마련해 주기도 한다. 그런 이치를 알고 자신감을 가진 청춘들이 많았으면 좋겠다. 나 또한 그런 중심에 서고 싶다.

조동화 시인은 노래했다. "나 하나 꽃 피어 풀밭이 달라지겠느냐고 말하지 말아라. 네가 꽃 피고 나도 꽃 피면 결국 풀밭이 온통 꽃밭이 되는 것 아니겠느냐." 모든 곳이 다 꽃밭인 학교가 되었으면 좋겠다. 그런 나라가 되었으면 좋겠다. 어렵지 않단다. '너' 하나로 '나' 하나로 그것이 가능해진단다. '온 산이 활활 타오르는 것'도 어렵지 않단다. '나' 하나 물들고 '너' 하나 물드는 것으로 가능해진단다. '하나'의 의미가 참으로 작지 않다.

‘촌놈’ 기질과 경쟁력

일전에 인근 군내 초·중학교 전교 회장들을 모아 놓고 특강을 했다. 강의가 시작되기 전, 담당 장학사님이 그들 앞에서 관내 초·중학교를 대표하는 회장 한 명씩을 뽑아야 한다며 먼저 희망자를 받았다. 그러나 아무런 반응이 없었다. 희망자가 없다면 그럼 다른 사람을 추천해 달라고 해도 역시 묵묵부답이었다. 순진하고 부끄러움 많은 시골 학생들이어서 그런가 싶어 나도 모르게 살며시 미소가 나왔다. 하지만 사실, 속으로는 이것저것 재지 않고 ‘촌놈’ 기질을 가진 ‘깡’ 있는 학생이 손을 번쩍 들어 줄 것을 은근히 기대하고 있었다.

강의 중에 나는 학생들에게 평소에 애송하고 있던 시 한 수를 읊어 주었다. 어떤 단체 지도자든 어떤 조직의 대표자든 누구나가 애송했으면 좋을 그런 내용이다. 특히 어려움이 있을 때 지도자들이 견지해야 할 정신을 노래하고 있고, 그런 리더십으로 만들어 낸 감동을 확인할 수 있는 시라고 생각했기 때문이다. 도종환의 '담쟁이'다.

> "저것은 벽/ 어쩔 수 없는 벽이라고 우리가 느낄 때/ 그때 담쟁이는 말없이 그 벽을 오른다./ 물 한 방울 없고 씨앗 한 톨 살아남을 수 없는/ 저것은 절망의 벽이라고 말할 때/ 담쟁이는 서두르지 않고 앞으로 나아간다./ 한 뼘이라도 꼭 여럿이 함께 손을 잡고 올라간다./ 푸르게 절망을 다 덮을 때까지/ 바로 그 절망을 잡고 놓지 않는다./ 저것은 넘을 수 없는 벽이라고 고개를 떨구고 있을 때/ 담쟁이 잎 하나는 담쟁이 잎 수천 개를 이끌고/ 결국 그 벽을 넘는다."

맨 앞장서서 담을 오르는 담쟁이 잎 '하나'에 우리는 주목하게 된다. 읽을 때마다 감동이 밀려온다. 그런 감동을 함께 하고 싶었고, 그런 담쟁이의 모습을 교훈으로 삼아 우리 지역 학생 대표들이 비슷한 역할을 할 수 있기를 강조하고 싶었다. 그런데 문제는 '담쟁이'란 식물을 아는 학생이 단 한 명도 없었다는 것이다. 시골에서 자라 담쟁이쯤은 모두 다 알고 있을 것이요, 그러기에 감동은 열 곱절 백 곱절 더 클 것이라 생각했었는데 말이다.

돌아오며 많은 생각을 했다. 시골에 살고 있기에 좋은 점은 무엇일까? 우리 시골 출신들이 가질 수 있는 경쟁력은 무엇일까? 도시 출신과 남다를 수 있는 것은 무엇일까? 눈만 뜨면 보고 체험할 수 있는 자연 생태와 교훈들, 시험에 안 나오면 쓸모없는 것들일까? 초등학교에서 하고 있을 자연 체험활동에는 어떤 것들이 있을까?

세상에는 시골 출신이라서 큰 덕을 보고 더 크게 성공한 사람들이 참 많다. 살림이 넉넉하지 못했음에도, 환경이 별로였음에도 그 속에서 훌륭한 문인이 나오고, 학자가 나오고, 정치가도, 운동선수도, 예술가도 나오지 않았던가? 도시에서 태어나지 못한 것을, 다양한 문화 혜택을 받지 못하고 살아온 것을 안타까워하며 자란 것이 아니라, 시골에서 가장 '촌스럽게' 살면서도, 그 '촌스러움'을 재산으로 만들고 경쟁력으로 발전시켜 가면서 말이다.

학부모 특강을 갔다가 어느 교감 선생님께 들은 이야기다. 최근에 전근을 왔는데 학생들 체력이 말이 아니더란다.

한 번은 학생들을 인솔하여 놀이공원엘 갔는데 놀이기구 한두 개를 타고 나서는 덥고 힘들다고 그늘에 퍼져서 더 이상 욕심을 내지 않더란다. 그래서 평소에 체력 단련을 좀 시켜야 되겠다고 판단한 선생님은 아침에 학생들이 등교를 하면 운동장을 몇 바퀴씩 돌게 했는데, 며칠 되지 않아 중단하고 말았단다. 학부형들의 항의 때문에…. 아침 자습시간에 영어나 한자를 익히도록 해야지, 그렇지 않아도 힘들어하는 애들에게 아침부터 그렇게 힘을 빼 놓으니 학원에 가서 잠만 잔다고….

나는 시골에서 태어나 성장한 '촌놈'임이 자랑스럽다. 나는 땀을 두려워하지 않는다. 아무리 힘든 일이라 할지라도 쓰러지지 않을 수 있다는 '깡'을 가지고 있다. 이것이 비록 몸은 왜소하고 보잘 것 없어 보여도 내가 믿고 자랑할 수 있는 최고의 경쟁력이다. 사랑하는 내 아들과 딸이 이런 점을 좀 닮아 줬으면 좋겠다고 늘 강조한다.

꿈의 실현,
땀에 답 있다

내겐 사랑하는 아내가 한 명 있다. 1990년에 만나 결혼했으니 삼십 년 가까운 반려자다. 내가 보기엔 그리 뚱뚱해 보이지 않는데, 아내 스스로는 너무 뚱뚱하다고 생각한다. 그래서 늘 입에 달고 사는 말이 하나 있다. "살 좀 빼야 하는데, 살 좀 빼야 하는데…." 안 빼도 충분히 아름답고 보기에 괜찮다고 아무리 내가 말을 해도 소용이 없다. 결혼 생활 삼십 년 중 이십 년은 매일 똑같은 소리를 듣고 산 것 같다. 식사 때마다 배가 덩실하게 식사를 하고 난 다음 수저를 놓으면서 하는 말, "진짜 조금만 먹으려고 했는데…", "진짜 딱 두 숟가락만 먹으려고 했는데…." 혹시 내 귀에 못이 하나 박혀 있다면, 아마도 이 소리 땜에 박힌 못일 것이다.

아내는 다이어트를 입으로 한다. 하루도 빠짐없이 지극정성이다. 그러나 아무런 변화가 없다. 입으로만 하기 때문이다. 그러던 어느 날 서쪽에서 해가 뜨는 일이 생겼다. 몸매 때문에 그리 스트레스가 된다면 요가라도 배워 관리를 좀 하라고 강권했더니, 하루는 결심이 섰는지 평생학습 요가반에 등록을 했다는 것이었다. 이제는 아내가 뜻을 이루겠구나 생각했는데 역시나 그런 기대는 접기로 했다. 등록 후의 모습을 보고 내린 판단이다. 일주일에 두 차례 총 4시간…. 교육장에서만 운동을 하고, 집에 와서는 매트와 봉을 벽에 걸어놓고 올려다보는 것만으로 다이어트를 하는 식이었기 때문이다.

우리 집에는 운동을 위한 실내 자전거가 있다. 이 외에도 이름 모를 운동 기구들이 적지 않다. 하지만 자전거는 옷걸이가 된 지 오래고, 다른 기구들도 천덕꾸러기처럼 구석구석을 뒹굴고 있다. 이런 모습에 내가 노래를 한다. "여보, 다이어트는 입으로 하는 게 아니라, 땀으로 하는 거라오. 살을 빼야 된다고 말을 말든지, 말을 했으면 땀이 나도록 운동을 좀 하든지…." 나의 이런 잔소리가 듣기 좋았을 리 없었을 것이다. 어느 날, 욱하는 생각이 들었던 모양이다.

하루는 아내가 보란 듯 거실에다 매트를 편 다음 배 밑에 봉을 깔고 운동을 시작했다. 그런데 문제는, 잠깐 20분 만에 몸무게 20킬로그램을 빼려고 그랬는지는 몰라도 너무 과도하게 봉을 굴리다가 갈비뼈에 실금이 가 버렸다. "세상에 이런 일이…." 그러나 사실이다. 이것으로 아내의 대찬 요가 다이어트 프로젝트는 영영 끝나고, 오늘도 거울 앞에서 변함없이 흥얼거린다. "빼야 되는데…, 빼야 되는데…."

사람은 누구나 꿈을 가지고 산다. 대부분 이루고자 하는 갖가지 소망이 있다는 말이다. 그러나 그 소망은 아무렇게나 쉽게 이뤄지지 않는다. 간절함이 있어야 하고 그 간절함은 피와 땀으로 증명이 되어야 한다. 꿈의 실현은 때로 독종과 같은 결심과 실천을 요구한다. 지금 우리가 누리고 있는 달콤한 행복과 의미 있는 이러저러한 일들은 보통 이런 과정을 통해 얻어진 것들이 대부분이다. 쉽게 그리고 아무렇게나 얻어 낸 결과는 우리에게 별다른 성취감을 주지 못한다.

오늘의 나는 어제의 내가 만들어 낸 결과물이다. 내일의 나는 오늘 하루를 내가 어떻게 보내는지로 결정된다. 염원하는 꿈이 있다면 치열하게 오늘 하루를 살아야 하고, 남들보다 능력이 좀 부족하다 판단되면 반드시 '기백己百' '기천己千'의 정신으로 실천을 해야 한다. 그래야 꿈을 이룰 수가 있다.

'기백己百'은 남이 한 번에 할 수 있는 일을 나는 백 번이라도 노력해야 하고, '기천己千'은 남이 열 번에 할 수 있는 일을 나는 천 번이라도 노력해야 한다는 의미다. ≪중용中庸≫에서 강조하고 있는 정신이다. 꿈을 가진 자가 어떻게 살아야 하는지에 대한 태도와 실천을 말해 준다. 결론은 명료하다. 체중을 감량하려면 운동으로 땀을 흘려야 한다. 어려운 시험에 합격하려면 무더운 여름도 이겨 내야 하고 자연이 유혹하는 봄과 가을도 이겨 내야 한다. 뿐만 아니라, 때로는 쉴 새 없이 울어 대는 스마트폰의 메시지 도착음도 무시할 수 있어야 한다.

'방탄소년단'의 질주가 세상을 뜨겁게 달구고 있다. '빌보드 200'에서의 1위…. '방탄소년단'이란 이름에서 '방탄'은 '총알을 막아 낸다'는 뜻이다. 하지만 그룹 이름에서의 의미는 확장되어 있다. 10대로부터 20대들이 사회적으로 받고 있는 편견과 억압을 막아 내고 당당히 자신들의 음악과 가치를 지켜내겠다는 의미…. 그렇다. 세상엔 입으로, 그리고 구호로만 이뤄 낼 수 있는 일이란 아무 것도 없다. 모든 꿈의 실현 뒤에는 땀이 있어 왔다. 오늘도 피와 땀을 흘리며 내일을 준비하는 모든 인생에게 축배를 드린다. 건배!

나이 든
신규 공무원

신규 공무원을 대상으로 한 강의가 있었다. 거리가 먼 타지인지라, 하루 전날 그곳 숙소로 가서 자고 다음 날 오전에 강의를 해야 했다. 아침에 식당엘 갔더니 이미 연수생들이 먼저 와 식사를 기다리고 있었다. 강사 식탁을 찾고 있는데 식당 직원이 연수생과 같이 앉으란다. 지난번까지는 따로 자리를 마련해 주더니만…. 직원이 바뀐 거였다. 여성 세 명이 앉은 식탁에 빈자리가 하나 보였다. 십중팔구 연수생들로 보였지만, 그래도 일반인들도 섞여 있는 식당이라 혹시 실수를 할까 봐 물어보고 앉기로 했다. "신규 공무원이냐? 같이 좀 앉아도 되겠느냐?" 좋다는 동의를 얻어 그 여성분들과 식사를 같이 하게 되었다.

목례를 하고 앉았지만 좀 어색해서 폰을 만지고 있는데, 옆에 앉은 여성이 물을 따라 주며 물었다. 이번에 신규 공무원 연수 받으러 오신 거냐고? 순간, 얼른 대답이 나오질 않았다. 목구멍까지 차오르는 폭소를 억누르며, 뭐라 대답을 해야 좋을지 몰라 머뭇거리다가 솔직하게 신분을 말해 주었다. "오늘 오전에 강의할 강사다. 난 올해 예순 한 살, 내 친구는 2년 전에 공무원 퇴직을 했다."

그날 아침, 우리 식탁 네 사람은 눈물이 나도록 웃었다. 웃고 또 웃었다. 어렵게 평상심을 되찾았다 싶었는데, 한참 밥을 먹고 있던 앞쪽 여성이 또 다시 말도 안 되는 이 상황이 생각났는지 밥알이 튀기도록 폭소를 터뜨렸다. 영원히 잊을 수 없는, 그리고 행복했던 어느 하루의 에피소드 한 대목이다. 그런데 어찌 보면 참으로 '웃픈우습고도 슬픈' 이야기일 수도 있고, 또 아닐 수도 있다. 나이 든 신규 공무원….

요즘, 공무원 시험장에 나이 든 분들이 적잖단다. 실제로 신규 공무원 연수생들 중에는 마흔이 훌쩍 넘은 듯한 분들이 더러 보인다. 2018년 말에 임명된 경남의 최고령 신규 공무원은 56세라고 했다. 최연소는 23세…. 내게 말을 걸었던 그 여성분도 나를 나이 든 임용자 중의 한 사람으로 봤던 것이 분명했다. 내가 젊어 보여서가 아니라, 연령대가 높은 도전자들이 상당하다는 것을 시험 칠 때 눈으로 똑똑히 봤었기에 그런 말을 했을 수 있다. 공무원 시험에 연령 제한이 없다는 사실을 안 지 난 별로 오래되지 않았다.

한번은 나이가 좀 든 어느 신규 공무원과 이야기를 나눈 적이 있다. 그도 이것저것 다 해 보다가 좀 늦긴 했지만 공무원으로 인생 이모작을 결정했다고 했다. 그러면서 늦은 나이에 교수가 된 나에게 어찌 그렇게 한길만 걸으면서 포기도 않고 기다리며 준비할 수 있었느냐고 부러워했다. 그런데 나는 그분이 더 부럽다고 말했다. 그분은 인생 실패작에 무슨 말이냐고 손사래를 쳤지만, 실제로 그분에겐 부러운 점이 많았다.

인생은 한길만을 걸어서 행복하고 또 의미도 클 수 있다. 하지만 젊어서 다양한 경험들을 해 보다가 인생 후반에 자신이 해 보고 싶은 일로 삶을 잘 마무리할 수만 있다면 이런 길도 나쁘지 않다는 생각이다. 성공의 크기에 관계없이 이런 인생이 더 재미있고 또 삶의 폭도 추억도 더 풍부하지 않을까 생각되기 때문이다. 우리는 누구나 일생이 늘 행복하기를 원한다. 하지만 그런 인생이 어디 그렇게 쉽고 흔한가? 혹시 인생을 조생종 행복과 만생종 행복으로 구분할 수 있다면,

조생종보다는 만생종 행복이 더 짜릿하고 황홀하지 않을까 싶다. 초반은 다소 굴곡진 인생이었다 할지라도 좀 늦게라도 또 다른 인생 이모작을 통해 행복을 준비하는 분들이 계신다면 그 모든 계획들이 형통했으면 좋겠다.

나도 실제 나이 51세에 지금의 이 자리가 정해졌다. 속칭 만생종 행복인 셈이다. 힘들고 외로웠던 기간이 100세 인생의 절반이었지만, 지나고 보니 모두가 오늘의 이 자그마한 행복과 감사를 만들어 내기 위한 단련의 기간이 아니었나 싶다. “한 송이 국화꽃을 피우기 위해 소쩍새는 그렇게 울었고, 간밤에 무서리가 내리고, 잠도 오지 않았나 보다”라고 노래한 서정주님의 시구가 오늘따라 가슴에 와 닿는다. 인생은 이모작을 넘어, 다모작이 되면 좋겠다. 그리고 행복은 내가 ‘만들어’ 가는 것이기에, 나이에 관계없이 언제 어디서나 도전하며 살았으면 좋겠다.

노후의 어떤 삶과 행복

지난 겨울 방학 때 잠시 중국에 다녀왔다. 노사老舍, 라오서의 탄신 120주년을 기념하기 위한 국제학술회의에 참석하기 위해서였다. 대개 학술회의는 여러 측면에서 얻게 되는 유익이 많다. 학자들의 새로운 연구 경향을 파악할 수 있어 좋고, 지인들을 만날 수 있어 좋으며, 또 새로운 학자들과 교류의 지평을 넓힐 수 있어 좋다. 그래서 가능하면 학회 참석에 적극적이어야 할 당위성이 강조된다. 그러나 나는 이런저런 핑계로 그 유익을 제대로 챙기지 못하고 살아온 편이다. 부끄러운 일이다. 다행히 이번 학술 나들이에서 다시 한 번

내 삶의 태도를 확인하고 많은 것을 점검해 볼 수 있어 참 좋았다.

이번에 나는 학문을 떠나 의외의 소득 하나를 더 얻을 수 있었으니, '노후의 삶과 행복'에 대한 색다른 가능성을 확인할 수 있었다는 점이다. 이는 학회와는 다소 무관한 본질 외적인 것일 수도 있지만 꼭 그렇지만은 않다. 왜냐면 학회 일정의 하나로 마련된 노사의 대표 극작 '차관茶館, 찻집' 공연을 보면서 느낀 것이기 때문이다. 노사의 '차관'은 청말·민국초·항일 승전 이후의 세 시기를 배경으로, 북경 어느 찻집의 일상을 통해 백성들의 고통을 묘사하고 있는 극작이다. 작품의 우수성을 인정받아 세계 각국에서 공연이 되었고, 우리나라에서도 일찍이 공연이 된 바 있다.

이날 공연은 북경인민예술극원北京人民藝術劇院 국은극장菊隱劇場에서 이뤄졌다. 먼저 노사의 대표작인 '용수구龍須溝'가 낭독 공연으로 진행되고, 뒤이어 '차관'이 공연되었다. 그런데 주목할 일은 두 작품 모두 출연자들이 전문 배우가 아닌 아마추어 배우들이었고, 더 놀라운 점은 모두가 70~80대 노인들이었다는 사실이다. 그리고 객석 안내를 맡은 사람은 90세를 넘긴 리빈李濱이란 배우였다. 리빈은 북경인민예술극원의 일원으로 연극·영화·드라마 등에서 이름을 날리다가 이제는 은퇴한 배우였지만, 그녀는 아직도 연극에 대한 열정을 버리지 못하고 공연 현장에서 자신이 할 일을 찾아 만년을 즐기고 있었다. 바로 '노익장老益壯'이라는 생각이 들었다.

그냥 취미로 모여, 하루하루 연습을 해서 전문 배우 못지않은 실력을 갖춘 그들…. 배역에 따라 젊은 청년으로 혹은 가녀린 젊은 여성으로 분장은 했지만, 세월의 흔적인 주름살과 처진 목덜미까지는 감추질 못하고 있었다. 그럼에도 반복 연습으로 단련된 매끄러운 대사와 깔끔한 연기 속에서 그 어떤 인물도 결코 '노티'를 보여 주지는 않았다. 걷기에도 불편할 정도로 두텁게 껴입은 솜옷에, 뜨거운 조명과 온풍기는 땀을 줄줄 흘리게 했지만 그들은 오히려 가슴 속 건장한 젊은 열정을 다 보여 주지 못해 아쉬워하는 것만 같았다. 그 모습이 내 가슴을 뜨겁게 해 주었다. 그리고 슬며시 내 만년晩年 80대의 그림과 겹쳐졌다. 바로 저것이다. 내 노후의 삶과 행복….

잠자리에 들기 전 잠시 책을 펼쳤는데, 터키 시인 나짐 히크메트Nazim Hikmet가 쓴 '진정한 여행A True Travel'이란 시가 더 큰 소망을 확인시켜 주었다. "가장 훌륭한 시는 아직 쓰이지 않았다./ 가장 아름다운 노래는 아직 불려지지 않았다./ 최고의 날들은 아직 살지 않은 날들/ 가장 넓은 바다는 아직

항해되지 않았고/ 가장 먼 여행은 아직 끝나지 않았다./ 불멸의 춤은 아직 추어지지 않았으며/ 가장 빛나는 별은 아직 발견되지 않은 별/ 무엇을 해야 할지 더 이상 알 수 없을 때/ 그때 비로소 진정한 무엇인가를 할 수 있다./ 어느 길로 가야 할지 더 이상 알 수 없을 때/ 그때가 비로소 진정한 여행의 시작이다."

빠듯한 일과로 몸은 피곤했지만, 생각의 폭을 넓힐 수 있는 하루였다 생각하니 참으로 행복했다. 동한東漢의 명장 마원馬援이 "궁할 때 더욱 굳세어야 하고, 늙었을 때 더욱 씩씩해야 한다窮當益堅, 老當益壯"라고 한 말에서 '노익장'이란 말이 널리 쓰이게 되었다는데…. 나이가 들수록 더욱 씩씩한 삶 '노익장', 우리 모두에게 적용되는 오늘과 내일이 되었으면 참 좋겠다.

딸을 시집보내며

딸이 시집을 갔다. 평소 서른 전에 결혼을 했으면 좋겠다고 강조해 오던 아빠의 바람을 따라 마침내 서른 살에 짝을 찾아 떠났다. 결혼 전, 딸은 전통적인 방식에서 좀 벗어나서 자연스럽고 재밌게 결혼을 했으면 좋겠다는 구상 아래 주례 없는 결혼식을 준비했다. 그러면서 주례 대신 내게 덕담을 부탁했다. 자식에 대한 덕담으로 무슨 얘기를 어떻게 하면 좋을지 고민은 됐지만 그러마 했다.

결혼 당일, 신랑 신부는 먼저 자기들이 쓴 혼인 서약을 직접 낭독했다.

신랑: 6년 전, 친구 생일 파티에서 한 여자를 처음 만났습니다.

신부: 6년 전, 친구 남자친구의 생일 파티에서 한 남자를 처음 만났습니다.

신랑: 밝게 잘 웃고, 낯을 가리지 않는 그녀가 신기하고 재밌었습니다.

신부: 같은 나이에도 불구하고 차분하고, 어른스러운 그가 신기하고 궁금했습니다.

함께: 그렇게 저희는 연인이 되었습니다. 오늘 저희는 이 자리에서 약속합니다. 첫째… 둘째… 다섯째. 늘 서로가 서로를 존중하고 배려하며 누구보다 행복한 부부가 될 것을 맹세합니다.

서약은 신세대다웠다. 현실적이면서도 미소를 짓게 하는 그런 내용들이었다. 중간 중간 장내에서는 폭소가 터지기도 했다. 덕담 차례가 되어 난 먼저 하객들에게 감사 인사를 드렸다. 바쁜 세상에, 꽃이 만발한 봄날 토요일에, 피곤함에도 불구하고 축복해 주러 오신 하객들이 뼈에 사무치도록 감사했기 때문이다. 그래서 두 손을 모으고 우쭐거리며 하객들을 위한 감사의 노래 '축가' 한 곡을 바쳤다. 축가는 좀 유치하게 가기로 했다. 모두가 다 아는 노래를 부르기로 작정했다. "봄이 오면 산에 들에 진달래 피고, 진달래 피는 곳에 내 마음도 피어, 건너 마을 젊은 처녀 꽃 따러 오거든, 꽃만 말고 이 마음도 함께 따가 주." 음정 박자 모두 무시하고 어눌하게 부른 노래였지만, 하객들은 약속이나 한 듯 박수를 치며 내 목소리보다 더 큰 소리로 함께 해 주었다. 모두 동심童心으로 돌아가….

덕담은 간단히 한자漢字 세 글자에 부모의 마음을 담았다. 부부라면 평생 '기다려 주고, 참아 주고, 믿어 줄 줄 아는' 관계가 되었으면 좋겠다는 생각에서 '대·인·신待·忍·信'이란 세 글자에…. 부부 간에 필요한 덕목은 한둘이 아니지만, 그중에서도 '기다릴 대, 참을 인, 믿을 신', 이 셋은 부부가 가장 소중하게 여기고 실천해야 할 기본이라 생각되었기 때문이다. 그래서 결혼 당일 새벽에 일찍 일어나 붓으로 이 세 글자를 예쁘게 써서 액자에 담아 전달했다.

사람은 누구나 행복한 삶을 원한다. 그러나 인생은 늘 꽃길일 수만은 없다. 살다보면 이러저러한 어려움도 있을 수 있고, 서로 간에 의견충돌도 있을 수 있다. 좋을 땐 아무 문제가 되지 않지만, 문제는 힘들고 짜증나는 순간순간들이다. 이럴 때 꼭 필요한 것이 '대인신'이 아닐까 싶다. 정현종 시인은 노래한다.

"나는 가끔 후회한다/ 그때 그 일이/ 노다지였을지도 모르는데…// 그때 그 사람이/ 그때 그 물건이/ 노다지였을지도 모르는데…/ 더 열심히 파고들고/ 더 열심히 말을 걸고/ 더 열심히 귀 기울이고/ 더 열심히 사랑할 걸…// 반벙어리처럼/ 귀머거리처럼/ 보내지는 않았는가/ 우두커니처럼/ 더 열심히 그 순간을/ 사랑할 것을…// 모든 순간이 다아/ 꽃봉오리인 것을/ 내 열심에 따라 피어 날/ 꽃봉오리인 것을!"

우리는 매 순간이 꽃봉오리 같은 인생이 되기를 바라지만, 지나고 나서 후회하는 경우가 많다. 내가 그렇다. 살다 보니 일상의 행복을 제대로 느끼지 못하고 살아온 날이 많았던 것 같다. 순간순간을 더 열심히 살지 못하고, 가장 가까운 아내를 더 많이 사랑하지 못하고 살아온 날이 너무 많았던 것 같다. 제2의 인생을 출발하는 우리 딸과 사위는 나의 전철을 좀 적게 밟았으면 좋겠다. 늘 기다려 주고 참아 주고 믿어 주는 마음으로….

노래는 참 전염성이 강한 것 같다. 요 며칠 아내는 화장을 하거나 설거지를 하면서 자주 흥얼거리곤 한다. "봄이 오면 산에 들에 진달래 피고, 진달래 피는 곳에 내 마음도 피어…." 온갖 꽃들이 만발한 참 멋진 봄날이다. 노랫말처럼 오늘은 꽃만 말고 아내 마음까지 함께 따 가 주어야 할 것 같다. 연애하던 그 시절로 돌아가서….

방법을 찾으면
길이 보인다

강의의 성공 여부는 청중의 만족도에 있다. 아무리 양질良質의 내용을 열정적으로 강의한다 할지라도 결과는 역시 청중에게 얼마나 잘 전달되었는지의 여부로 결정된다. 만족도가 높은 경우는 대개 듣고 싶은 청중에게 강의를 할 때고, 힘든 강의는 듣고 싶은 의지가 없는데 어쩔 수 없이 수동적으로 동원된 대상에게 강의를 할 때다.

경험상, 특강에 다소 힘이 드는 대상은 중·고등학교 학생들이다. 인원이 적으면 그래도 괜찮은 편이다. 문제는 체육관에 3~400명을 맨바닥에 앉혀 놓고 할 때다. 이성적으로는 그 나이에 떠드는 것이 당연하다고 생각되면서도, 때로는

1분만이라도 말이 통했으면 좋겠다는 마음이 간절할 때가 많다. 아무리 노력을 해도 소용이 없을 때는 그냥 마이크 내려놓고 대성통곡이라도 하고 싶은 게 사실이다.

그럼에도, 올 여름 성공적으로 강의를 마칠 수 있었고, 강사로서 뿌듯한 마음으로 교문을 나섰던 고등학교가 하나 있었으니, 남해에 있는 어느 고등학교다. 교장 선생님으로부터 직접 강의 요청을 받았고, 행사의 목적을 분명하게 설명 받았으며, 학교의 변화를 위한 교장의 의지에 꼭 좀 부응해 달라는 부탁을 받고 응했던 학교다. 강의 시기와 시간을 정하는 것부터 남다르다 생각됐지만, 정작 놀란 것은 강의 당일이었다. 최고의 강의가 될 수밖에 없는 시스템과 환경을 만들어 놓고 강의를 기다리고 있었던 것이다.

하나를 보면 나머지 열 개도 대충 연상이 되는 경우가 많다. 잠깐 머물렀다 온 시간이었지만, 이 학교에서는 뭔가 큰 변화와 발전을 위해 구성원들이 똘똘 뭉쳐 큰 희망을 만들어 가고 있구나 하는 느낌을 강하게 받았다. 바로 행사장에서였다. 초청 특강은 평범한 행사 중의 하나일 수 있다. 하지만 그날 특강은 일반적인 행사용 강의가 아니라, 그 강의를 통해서 뭔가 특별한 시간이 되도록 신경을 많이 썼다는 걸 척 봐도 알 수 있었다.

현장은 이러했다. 체육관이었음에도 학생들을 모두 의자에 앉혔다. 반원半圓으로 좌석을 배치했다. 학생들 간의 간격을 넓게 했다. 학부모를 청해서 학생 옆에 앉혔다. 선생님들도 참석하도록 했다. 교장 선생님은 고개 숙인 학생들을 찾아다니며 경청을 독려하고, 행사가 끝날 때까지 함께해 주었다. 강의가 끝난 후 학생과 학부모에게 질문하도록 했다. 교장·교직원·학생·학부모들의 합심이 그대로 읽히는 현장이었다.

학교를 나오면서 이런저런 생각을 한 번 해 보았다. 그 조직의 관리자는 어떤 가치관과 목표를 가졌던가? 그 관리자는 어떤 시스템과 환경을 구축해 놓고 있었던가? 그 관리자는 조직과 구성원의 발전을 위해 어떤 관심을 어떻게 실천하고 있었던가? 그 관리자는 소통을 위해 어떤 노력을 하고 어떻게 학생들을 독려하고 있었던가? 그리고 한 배를 탄 여러 교직원들은 어떤 협력으로 어떻게 관리자와 함께하고 있었던가?

별것 아닌 일을 뭘 그리 침소봉대하느냐고 할지 모른다. 하지만 일의 크기에 관계없이 관리자의 고민과 구성원들의 대책이 얼마나 학생들에게 큰 영향을 미치게 될지를 생각해 볼 때, 이보다 더 좋은 사례가 어디 있을까 싶었다. 어느 학교에 갔더니 교장실에 "교장이 바뀌면 학교가 바뀐다"라는 글귀가 걸려 있었다. 그렇지 싶었다. 명문은 그냥 만들어지는 게 아니다. 관리자의 도전적인 발상과 변화가 명문을 만들고, 구성원들의 적극적인 태도와 협력이 기적을 만들어 낸다. 그 감동적인 결과는 하루아침에, 그리고 한 사람만의 노력으로 만들어지지 않는다.

해내고 말겠다는 결기를 가진 자에게는 '방법'이 보이고, 하기 싫다 생각하는 자에게는 '핑계'가 보일 뿐이다. 인생과 역사는 '방법'과 '핑계' 둘 중의 하나로 만들어져 간다. 그 선택은 언제나 주인인 자신이 결정하는 것이다. 하루하루, 그리고 한 해 한 해, 그 '방법'을 찾아 열심히 살아왔고, 그리고 또 그렇게 살아갈 것이라면, 이후의 삶은 묻지 않아도 뻔하다. 더없이 행복하고 더없이 희망찬 나날이 될 것임을….

꽃이 필 '그날'

대학의 3월은 '활기'의 계절이다. 특히 신입생들 때문에 더 그렇다. 신입생인지 아닌지는 척 보면 안다. 고등학교 4학년 같기 때문이다. 인사하는 모습에서 특히 그렇다. 나이 많은 사람만 만나면 누구에게나 '고딩' 티 물씬거리는 인사를 한다. 자기 소속 학과 교수든 아니든…. 그래서 학생들에게 인사를 제일 많이 받는 달은 3월이다. 그런 대학 캠퍼스가 올해는 '춘래불사춘春來不似春'이다. 그야말로 봄은 왔지만 봄 같지가 않다. 코로나19 때문이다.

며칠 전에는 지인의 자녀 결혼식이 있었다. 꼭 가서 축하해야 할 경사였는데, 결국 참석하지 못했다. 역시 코로나19

때문이었다. 물론 축하의 뜻은 전달했고 전화로 미안하다고 용서는 빌었지만 마음의 불편함은 지울 수가 없다. 그러나 마음의 불편쯤이야 이해해 주면 용서받을 수 있는 일이지만, 이번 사태로 바이러스 관리를 받고 있거나, 중요한 계획이 헝클어졌거나, 손해를 당하고 있는 분들에게는 무슨 말로 위로를 해야 할지 그저 막막할 뿐이다.

이번의 낭패는 너와 나 구분이 없는 것 같다. 우리 아들도 그중의 하나다. 일정이 뒤틀리는 바람에 적잖은 위약금을 물어야 할 일이 생겼고, 속수무책의 현실 앞에서 그저 속만 태우고 있다. 미안했지만, 아들이 '강제'로 쉬고 있는 이 기회를 빌려 내가 근무하고 있는 학교 연구실 청소를 좀 도와 달라고 부탁을 했다. 그 덕분에 아들과 함께 깨끗하게 연구실을 정리하고 청소를 할 수 있게 되었다.

사실 청소는 안 해도 될 일이었는데, 안 하면 안 될 일이 생겼기 때문이다. 교수님들이 근무하는 연구실 창틀을 전체적으로 교체할 때, 인부들이 비닐로 책을 대충 덮어 놓고 작업을 한 것이었다. 작업이 끝나 들어가 보니 벽돌가루와 분진이 책 위 여기저기를 뒤덮고 있었다. 화를 내고 따진다고 해결될 일이 아니라 생각되어, 수양하듯 스스로 천천히 청소를 하기로 한 것이다.

처음에는, 안 해도 될 일을 '개고생'한다 싶어 울화가 치밀기도 했지만, 청소를 하면서 버릴 책은 좀 가려서 버리고 남길 것은 가지런히 정리를 해 놓고 보니 그렇게 좋을 수가 없었다. 마무리가 되자마자 연구실에 손님이 찾아왔다. 7년 만에 외국에서 박사학위 공부를 마친 제자가 논문을 들고 찾아온 것이다. 먼지 하나 없이 깨끗이 청소되고 정리된 환경에서 차 한 잔을 나누다 보니 심적으로 신선이 된 기분이 들었다. 전화위복이란 말의 감동을 실감하면서….

우리는 화 없이 복만 받는 인생을 원한다. 그러나 삶의 현실은 그렇지 않을 수도 있다. 핵심은 화를 당한 경우, 이를 복으로 전환시킬 수 있는 노력과 인내가 필요하다는 것이다. 이것이 삶의 지혜요 상책이다. 지금이 바로 그런 때가 아닌가 싶다. 코로나19 사태는 우리가 원치 않던 바다. 그러나 어쩔 수 없이 겪게 되었다. 답은 하나다. 이번 기회에 많은 것을 반성하고, 배우고, 대비하는 계기로 삼는다면…, 그리고 긴 호흡으로 미래를 생각하며 억지로라도 전화위복의 계기로 삼고자 노력한다면…, 언젠가는 분명 더 큰 것을 얻게 되지 않을까 싶다.

며칠 전, 지방자치인재개발원에 사무관 대상 강의를 갔다가 한 공무원으로부터 엽서 한 장을 선물로 받았다. 엽서에는 자작시 한 수가 적혀 있었다. "화장기 없는 전라全裸의 거침없는 몸짓/ 생명의 수액을 숨기운 맨몸의 비장함에/ 일개미의 새봄을 배우는 겨울은/ 부지런할 시간이다.// 열정을, 비움을, 근면을 깨우는 겨울에는 너와 나,/ 더 높게 사랑하자./ 더 깊게 지혜롭자./ 더 많이 부지런하자." 백승미의 '겨울찬가' 중 그렇다. 봄은 왔건만 겨울 같은 3월의 오늘, 우리가 해야 할 일은 '너와 나, 더 높게, 더 깊게, 더 많이, 사랑하고, 지혜롭고, 부지런해야 할' 일이다.

동병상련의 심정으로 안부를 나누며 지내는 중국 교수 한 분이 계신다. 엊그제 받은 문자 네 글자가 마음에 울림을 준다. '정대화개靜待花開'. "꽃이 피기를 조용히 기다리자." 맞다. 봄은 항상 겨울 뒤에 왔었으니까…. 오늘도 코로나19 환란으로 쉴 틈도 없이 고생하시는 의료진과 공무원들, 그리고 수많은 자원 봉사자들의 노고에 감사하며, 조용히 기다리련다. 꽃이 필 '그날'을….

'슬럼프'의 또 다른 의미

요리학교에서 양식 요리를 배우고 있는 아들에게서 전화가 왔다. 그동안은 계속 칭찬을 받고 좋은 성적을 받았었는데 요 며칠은 셰프로부터 좋은 평가를 받지 못해 기분이 우울하다고 했다. 그러면서 슬럼프라니 뭐라느니 운운하면서 목소리에 힘이 빠져 있었다. 이런 아들의 말을 듣자마자 나의 꼰대 본능이 발휘되었다. 아들이 귀를 막고 있을 줄 알면서도 고리타분한 나의 '개똥' 철학이 방언 터지듯 자연스레 흘러나왔다.

"인생이란 등산과 비슷한 이치일지도 모른다. 산 정상을 오를 때, 늘 올라만 가는 길이 있는 게 아니라, 둘러 가는 길도 있고, 계곡으로 내려가는 길도 있다. 미시적으로 볼 때는 둘러 가고 내려가고 있는 것 같지만, 거시적으로 볼 때는 분명 정상으로 올라가고 있는 것이다. 내려가고 돌아가는 건 그저 잠깐의 현상일 뿐이지 결코 하산下山이 아니다. 오늘의 슬럼프는 실력의 퇴보나 도태를 상징하는 것이 아니라, 멀고 큰길을 가는 과정에서 잠시 숨을 돌리는 그런 의미일 수도 있으니, 우리 아들 파이팅 했으면 좋겠구나!"

일을 할 때, 어찌 늘 성공하고 칭찬만 받을 수 있는가? 순간순간 잔꾀부리지 않고 최선을 다했다면 그 어떤 결과가 나오든 감사하고 다음을 준비하는 것이 지혜로운 사람의 처신이다. 물론, 살다 보면 잘 했는데도 평가나 성과가 별로인 경우도 있다. 그러나 그것이 영원한 족쇄가 되어 인생 끝까지 따라다닐 것이 아님을 이해한다면, 스스로 의기소침하여 자신을 너무 가학하거나 포기하고 싶은 생각이 들지 않도록 하는 것이 미래를 준비하는 사람이 해야 할 일이다.

섬진강 시인으로 유명한 김용택 시인은 어머니로부터 많은 영향을 받았다고 했다. 그 영향은 어머니가 큰 교육을 받은 지식인이요 큰 학자였기에 그런 게 아니라, 삶 속에서의 통찰을 바탕으로 한 체험적인 말씀 때문이었다고 했다. 오늘 김용택 시인의 큰 성취는 당연히 개인적인 노력의 결과이기도 하지만, 역시 어머니의 긍정적인 인생관과 시적 감성, 그리고 인간미 물씬거리는 표현력 등이 자랑스러운 아들 '김용택'을 만들어 놓았을 것임에 틀림없다.

김용택 시인이 전하는 어머니의 말이다. "올라갈 때가 있으면 내려갈 때가 있고, 한 달이 크면 한 달이 작다. 살다 보면 별일이 다 있다. 넘어지면 일어나고 넘어지면 일어나고 또 넘어지면 일어나 사는 게 인생이다. 넘어져 일어나 살다 보면 무슨 수가 난다." 이야기 속에서 "한 달이 크면 한 달이 작다"라는 이 말 한마디는 김용택 시인의 어머니다운 위대한 발견이요 가르침이 아닐 수 없다. 인생을 사는 데 대단한 통찰이 되고 교훈이 될 수 있는 말이다.

슬럼프에 빠졌다고 풀이 죽은 우리 아들에게, 아니 웅지를 품고 미래를 준비하고 있는 이 세상 모든 젊은 청춘들에게 다시 한 번 말해 주고 싶다. 인생이든 등산이든 미시적으로는 내리막길인 듯싶어도 거시적으로는 그것이 오르막길인 경우가 많다는 사실을…. 산을 오를 때, 잠시 내리막길이라 해서 하산이라 생각하는 사람은 단 하나도 없다는 사실을…. 슬럼프? 100년을 살아가야 하는 '인생'이란 이 등산에서 잠시 긴장된 다리의 근육을 풀어 주는 구간이라 생각하면 어떨까 싶다.

우리는 평소 '궁즉통窮則通', "궁하면 통한다"라는 말을 자주 한다. 출전은 ≪주역周易≫이다. 그런데 온전한 원문에는 '변화變'라는 연결고리가 하나 더 들어 있다. 즉, "궁즉변, 변즉통, 통즉구窮則變, 變則通, 通則久."라 했다. "궁하면 변하고, 변하면 통하고, 통하면 오래간다"라는 뜻이다. 즉 슬럼프는 변화를 모색하게 해 주고, 그 변화는 또 다른 문을 발견하거나 묘수를 찾도록 해 준다. 그리고 결국에는 새로 찾은 그 문과 묘수가, 변화된 환경에서 또 다른 경쟁력으로 승화되어 장수長壽를 누리게 해 준다는 이치다.

슬럼프에 처했을 때 취할 행동은 그저 둘뿐이다. 핑계를 찾아 회피하거나 포기해 버리는 것, 또는 전열戰列을 가다듬어 가일층加一層 노력하는 것…. 꿈에 대한 간절함이 없는 자는 전자를 택할 것이요, 꿈이 간절한 자는 후자를 택할 것이다. 잠재력은 평소에 확인되지 않는다. 그러나 가진 줄도 모르고 살아왔던 우리들의 잠재력은 어려움에 처했다가, 슬럼프에 빠졌다가 다시 재기할 때 주로 발현되는 경우가 많다. 전화위복의 사례는 늘 멀리 있지 않다. 우리 모두가 그런 현상 속의 멋진 주인공이 되었으면 좋겠다.

제 3 부

우리는 무엇에 감동하는가?

행복,
해석에 답 있다

아침이다. 양치질을 하고 있는데, 뒤에서 아내가 갑자기 '까꿍' 한다. 뒤를 돌아보니 출근 준비를 다 마친 아내가 슬며시 미소를 지으며 서 있다. 머리 모양이 어제와 조금 달라 보인다. '까꿍'의 뜻을 그제야 알 것 같았다. 그래서 아내가 원하는 반응을 보여 주었다. "예쁘네~." 기분이 좋은 듯 아내가 돌아나가며 한 마디 흘린다. "나 혼자만 놓고 보면…."

아내가 남기고 떠난 한 마디가 자꾸 머릿속을 맴돈다. "혼자만 놓고 보면…." "혼자만 놓고 보면…." 겸손의 말인가? 아니면 주제 파악을 제대로 하고 있다는 말인가? 갑자기 아내의 말이 평범하지 않은 득도자의 말처럼 다가온다. 이런저런 상념들이 자꾸 꼬리에 꼬리를 문다. "혼자만 놓고 본다면 …. 그렇다! 누구라도 그런대로 예쁘고, 그런대로 행복하고, 그런대로 …, 그런대로 …."

행복도 이런 것이 아닌가 싶다. 사람이 남과 비교를 안 하고 살기는 어려운 일이다. 더 멋지고, 더 잘 나가고, 더 성공한 사람들이 눈에 먼저 들어오기 마련이고 그래서 그들이 엄청 부럽고, 때로는 '질투' 같은 감정선을 건드리기도 한다는 것, 인지상정이기 때문이다. 그 부러움 때문에 나는 더 초라해 보이고, 짜증이 나고, 마음은 초조해진다. 이것이 삶에 대한 불평과 불만이 만들어지는 과정이요 공식이다. 그러나 비교를 떠나 '나 혼자만 놓고 보면' 지금 이 모습 이대로도 너무나 감사하고 행복하다고 고백할 수 있는 수많은 조건들을 가진 것이 또한 오늘 우리일 수도 있다.

이런 점에서, 불교 화엄경이 말하고 있는 '일체유심조一切唯心造'라는 말은 우리에게 큰 가르침을 준다. 화엄경 전체 맥락과 관계없이 그냥 독립적인 격언으로 놓고 뜻을 풀어도 참 좋다. "다 마음이 만든다." 즉 "세상사 그 무엇이든 마음먹기에 달렸다"라는 의미다. 구도자에게나 통할 수 있는 너무 형이상학적 불교 철학이라 할 수도 있겠지만, 나 같이 평범한 사람도 노력 여하에 따라 어쩌면 비슷하게나마 흉내가 가능하지 않을까 사모가 되기도 한다.

언젠가 대학 수업 때, “그대는 지금 행복한가?”라는 질문을 놓고, 학생들과 ‘행복’에 대하여 이야기를 나눈 적이 있다. 약 200명 중에 10명 정도가 행복하다 했고, 20명 정도가 행복하지 않다고 했다. 나머지는 손을 들지 않았다. 행복하다는 학생에게 왜냐고 물었다. 대답은 너무나 평범한 것들에 대한 감사였다. “지금 이렇게 앉아 있는 것만 해도 그렇고, 먹고 자는 데 불편함 없는 것도 그렇고, … 또…”

다시 학생들에게 물었다. “방금 이 학생이 말한 조건들을 기준으로 삼아 행복 여하를 정한다면?” 많은 학생들이 다시 손을 들었다. 그런 기준이라면 나도 행복한 사람에 속한다는 의미였을 것이다. 그렇다. 누군가는 평범한 일상도 감사할 일이라 생각했기에 행복하다고 했고, 누군가는 그런 것쯤은 행복의 조건과는 관계없는 일이라 여겼기에 불행하다고 생각했을 것이다.

사람이 똑같은 환경에서 똑같은 체험을 하고 살아도, 그 심적 반응은 다 같지가 않다. 보이는 대로 보고 느끼지만 그 해석은 다를 수 있다는 말이다. 이것이 곧 ≪일본은 없다≫라는 책 제목도 있지만, ≪일본은 있다≫라는 책 제목도 가능한 이유다. 이처럼 동일한 현상을 어떤 시각으로 어떻게 해석하느냐에 따라 그 결과는 180도 다를 수가 있다. 인생의 행복도 같은 맥락에서 정답을 찾을 수 있었으면 좋겠다. 내가 지금 누리고 있는 이것만으로도 충분히 행복하다고 해석할 수 있는 지혜, 감사와 긍정의 '마음먹기'로 말이다.

옛말에 '귀이망천貴而忘賤'이라는 말이 있다. 살 만하고 몸이 귀해지니 천했을 때를 잊어버린다는 의미다. 어쩌면 오늘 우리가 절실하게 되새겨 보아야 할 말이 아닌가 싶다. 모든 면에서 절대치를 놓고 본다면, 지금 우리는 이전보다 훨씬 좋은 여건에서 잘 사는 행복한 사람이어야 한다. 그러나 행복지수를 놓고 말할 때는 그렇게 긍정적이거나 희망적이지 못하다. 그래서 어떤 이는 그 행복감이 옛날 어렵게 살던 시절만 못하다고 공공연하게 말하기도 한다. 그 이유는 무엇일까? 어쩌면 상대적 박탈감과 기대치가 높아진 '지족' 정신에 원인이 있을지도 모른다. 그래서 이런 말이 가능하리라. 행복이란 가진 것의 크기로 정해지기보다는, 그것을 어떻게 해석하느냐에 더 정확한 해답이 있다고….

오늘 아침 아내가 엄청 예쁘게 보인 이유, 다른 것에 있지 않았을 것이다. 해석에 답이 있었던 것이다.

하지 않는 것과 할 수 없는 것

일은 대부분 기대 반 우려 반으로 출발한다. 몇 년 전 내가 고향인 하동에서 판을 벌였던 연극 공연도 예외가 아니다. 나는 2011년, 한 해 동안 하동 읍내 재래시장에서 시장 활성화를 위한 연극 공연을 펼친 적이 있다. 날로 침체되어 가는 재래시장을 어떻게 하면 조금이라도 활기가 넘치도록 해 볼 수 있을까 하는 고민에서 출발한 공연이었다. 물론 친구이기도 했던 담당공무원의 소개를 통해, 하동군에서 기획한 프로그램에 내가 재능기부 형식으로 참여한 공연이었다.

연극은 매월 첫째 하동 장날, 원숭이로 분장을 하고, 시장 안에 설치된 특설 무대에서 모노드라마 형식으로 일 년 동안 진행을 했다. 그 다음 해에는 하동 군내 면 소재지에 있는 여러 시장을 순회하면서 다른 출연자들도 참여를 시켜가며 공연을 했다. 반향도 괜찮았고 개인적으로 큰 보람을 느끼기도 했다. 그러나 시작을 할 때는 역시 우려하는 목소리가 적지 않았다. "저잣거리 노천에서 무슨 연극을…." "교수가 무슨 원숭이 분장을 하고…."

세상에 확실성이란 없다, 다만 가능성만이 존재할 뿐이다. 염려되는 면에만 묶이면 반드시 핑계가 생겨난다. 그러다 보면 이 세상에 할 수 있는 일이란 단 하나도 없게 된다. 중요한 건 그럼에도 불구하고 할 수 있는 방법을 궁구하고 극복해 가려는 의지이다. 실수나 실패를 전혀 생각하지 않았던 것은 아니다. 당연히 있을 수 있기 때문이다. 그러나 그것 때문에 머뭇거리고 추진을 못한다면 영원히 제자리걸음일 수밖에 없다.

일을 해 나가다가 실수가 생기면 다시 보충하면 된다. 실패가 있으면 원인을 분석하여 재기하면 된다. 그런 후에 성공이 나오게 되고 발전이 있게 되는 것이다. 한 번의 실수도 실패도 없는 성공이 어디에 있을까? 실수하고 실패하는 과정에서 지혜가 생기고 담력이 생기게 된다. 이것이 실패와 고난이 주는 유익이다. 우리는 누구 하나 예외 없이 이런 경험을 반복해 가며 살아가는 주인공들이다.

내가 원숭이 공연을 펼치고 있을 그 당시, 집에는 대학 3학년인 딸과 대학 1학년인 아들이 있었다. 물론 아내도 한 명 있고…. 한 번은 하동 옥종시장에서 공연을 해야 하는 일정이 잡혔다. 나 혼자만 출연하는 '모노'보다는 식구들이 모두 함께 참여하면 좋겠다는 생각이 들었다. 그래서 이때는 전 식구가 연극에 동참하도록 시나리오를 만들었다. 딸과 아들은 각설이로 분장하고, 아내는 각설이를 따라 다니는 원숭이 역할을 하도록 하고…. 그리고 나는 선비의 고장 옥종에 걸맞게 훈장 복장을 한 해설가 역을 맡았다.

처음에는 애들과 아내의 저항이 만만치 않았다. 지금까지 해 왔던 것처럼 식구들이 옆에서 도와주는 것으로 만족하면 될 일이지, 가족들까지 출연자로 끌어들여 부담을 주는 것은 너무하지 않느냐는 것이었다. 물론 옳은 말이다. 그러나 기회란 항상 원할 때 오는 것이 아니며, 아무 때나 있는 것이 아니라는 사실이 나를 자꾸 괴롭혔다. 식구 전체가 무대에서 재능기부를 할 수 있는 기회가 앞으로 또 얼마나 있을까? 나는 이 점에 핵심 가치를 두고 식구들의 동참을 종용했다. 결국 네 식구, 그런대로 호흡을 잘 맞춰 공연을 성공적으로 끝낼 수 있었다. 그날 저녁, 네 식구는 지금까지 살아오면서 맛볼 수 없었던 '가장' 특별한 보람과 행복을 만끽하며 맛난 저녁을 먹었다.

잘 하지 못하는 이유는 할 수 없어서가 아니라 해 보지 않아서 그런 경우가 많다. 두려워서 아예 시작을 해 보지 않아서 못하게 되는 것이다. 능력과는 관계가 없다. 하지 않는데 어찌 능력이 발휘될 수 있겠는가? 능력이란, 한계를 극복하려는 노력에서 만들어지고, 반복되는 과정에서 계발되고 발전되는 것이다. 나는 그런 정신을 좋아하며 언제나 그렇게 살고 싶다. 내 아들과 딸도 그런 삶의 주인공이 되었으면 좋겠고, 또 같은 또래 우리나라 젊은이들도 다 비슷하게 살았으면 좋겠다.

≪맹자≫에 보면 이런 내용이 있다. 누군가가 왕에게 물었다. 쇳덩이 일천 근은 들어 올릴 수는 있으면서 새 깃 하나는 들 수가 없고, 동물의 가느다란 터럭의 끝은 볼 수 있으면서 수레의 장작더미는 볼 수가 없다고 한다면 말이 되겠느냐고…. 그건 말이 안 된다고 왕이 대답한다. 그러자 이어 설명을 덧붙인다. "그렇지요. 새 깃을 들지 못하는 것은 힘을 쓰지 않기 때문이요, 수레의 장작더미를 보지 못하는 것은 시력을 쓰지 않기 때문이지요. 왕이 왕 노릇을 하지 못하는 것은 '안 하는 것'이지 '할 수 없는 것'이 아닙니다"라고 했다.

이에 왕이 물었다. "하지 않는 것과 할 수 없는 것은 어찌 다른지요?"

왕의 질문에 대한 대답은 이랬다. "태산을 겨드랑이에 끼고 바다를 뛰어넘는 일을 못 하겠다고 하면 이는 실제로 할 수 없는 일이지만, 나무젓가락 하나 꺾는 일을 못 하겠다고 하면 이는 하지 않는 일이지 할 수 없는 일이 아니지요. 왕께서 왕다운 왕이 되지 못하는 것은 태산을 끼고 바다를 뛰어넘는 것과 같은 것이 아니라, 바로 나무젓가락을 꺾는 것과 같은 부류에 속하는 것입니다." 이 이야기는 ≪맹자≫에서 강조하고 있는 '불위不爲'와 '불능위不能爲'에 대한 비유로, 전자는 '하지 않는 것'을 말하고, 후자는 '할 수 없는 것'을 말한다.

할 수 있는 일을 할 수 없다고 핑계대지 말라는 따끔한 충고다. 지금까지 살아오면서 소극적으로 보여 주었던 '불위不爲'의 행위를 '불능위不能爲'라고 핑계대면서 살아오지는 않았는지 한 번쯤 돌아보라는 속삭임이다.

'묵은 별빛'의 의미

우리 집에는 사람 말귀를 못 알아듣는 식구가 둘 있다. 잉꼬 새다. 하도 시끄러워 좀 조용히 하라고 아무리 말을 해도 전혀 알아듣지를 못한다. 집안 분위기도 모르고 울어 댈 때는 안절부절 내 마음이 편치 못하다. 왜냐하면 식구들이 크게 동의를 해 주지 않았음에도 불구하고 내가 가장의 '권위'로 입양을 강행했기 때문이다.

잉꼬 새는 보기만 해도 기분이 좋아지는 새다. 서로 뽀뽀하는 모습도 귀엽고 사랑스럽지만, 사랑을 표현하는 자태도 천태만상이다. 서로 가려운 곳을 긁어 주는 모습을 보고 있노라면 진정 사랑이 어떤 것인지를 생각하게 해 준다. 상대의 가려운 곳을 어찌 저리도 잘 알까? 나도 여기가 가려우니 너도 여기가 가려울 것이라 생각해서 그곳을 긁어 주는 것일까? 눈을 지그시 감고 상대에게 몸을 내맡기고 있는 모습을 보고 있노라면 내가 더 행복해진다. 마치 내가 사랑을 받고 있는 느낌이 든다.

그런데 함께 살다 보니 문제가 한둘이 아니다. 늘 사랑하는 모습만 보여 줄 줄 알았지, 그렇게 큰 소리로 우짖을 줄은 꿈에도 몰랐다. 밖에서 집으로 전화를 걸면 전화를 받는 아내 목소리보다 녀석들의 목소리가 더 크고 날카롭게 들린다. 그 작은 덩치에서 털은 또 얼마나 많이 빠지는지…. 내가 저지른 일이니 나는 그런대로 참고 견딜 만하다. 하지만 아내 입장은 다를 수밖에 없다. 그래서 새들이 아내에게 지청구를 듣는 일이 잦다. 하루는 하도 분위기도 모르고 새들이 시끄럽게 굴기에 다가가서 속삭여 주었다.

> 너무 크게 울지 말거라/ 아줌마 설거지 소리 심상찮다/ 지청구 안 들으려면 조금 살살 우짖어라/ 너도 잘 알잖아/ 아줌마 싫다는데/ 내가 우겨 니네들 우리 집 식구 된 거/ 아무리 분간이 없다 해도/ 설거지 소리 들으면 알잖아/ 아줌마 기분이 좋은지 우울한지/ 너무 섭섭해 하진 말거라/ 니들이 듣는 꾸

중의 9할은/ 내게 하는 소리니까/ 아줌마가 겉으론 그래도 얼마나 걱정이 많은데/ 찬바람 불면 니들 거실에 들여 놓자 하더라/ 솔직히 말해 난 반대란다/ 니네들 털이 너무 많이 빠지잖아/ 물론 나도 머리칼 많이 빠져/ 하지만 내 머리칼은 별로 티가 안 나는데/ 굴러다니는 니들 흰털은/ 너무 티가 많이 나/ 그래서 나 싫어/ 하지만 고려는 해 볼게/ 날씨 봐 가면서/ 오늘만은 좀 특별히 조용히 해 줘/ 아줌마 친정엄마가 많이 아프시거든/ 큰 수술을 받으셨잖아

내가 새를 입양한 이유는 또 다른 꿈이 하나 있어서다. 죽기 전에 해 보고 싶은 일의 목록, '버킷리스트bucket list' 때문이다. 이 리스트 중에는 '그림 그리기'도 하나 들어 있다. 아직은 여건상 작심하고 그림을 시작하지는 못하고 있지만 언젠가는 반드시 해야 할 항목으로 그림 그리기를 정해 놓고 있다. 그림! 참으로 가슴 떨리는 기쁨의 예술이다.

내가 좋아하는 그림은 외형적 묘사에 공을 들이는 사실화寫實畵보다는 묘사할 대상의 본질과 특성을 중시하는 사의화寫意畵이다. 사의화는 묘사할 대상을 깊게 살핀 다음, 이를 마음속에서 충분히 숙성시킨 후 그 영감을 개성적으로 표현해 내는 수법이다. 대충 그리는 것 같으나 부단한 연습과 탄탄

한 내공 없이는 불가능한 일이다.

'흉중성죽胸中成竹', 마음속에 이미 '대나무' 형상이 완성되면 그림은 거침없이 진행된다. 사의화로 그림을 그릴 때는 새 한 마리가 몇 초도 걸리지 않아 완성이 된다. 머릿속에 이미 디테일한 형상이 준비되어 있기 때문이다. 먹물의 농담을 달리해 가며 이리 쿡 저리 쿡 찍은 그 흔적들이 어느 순간, 당장에라도 화선지 밖으로 튀어나올 듯한 새가 된다. '기운생동氣韻生動'의 필력이 만들어 낸 감동적인 생명체로 변신이 된다.

이런 신운神韻의 경지도 대상을 수없이 관찰하고, 연구하고, 연습해야 가능하단다. 내가 오늘 아내의 지청구를 들어 가면서도 잉꼬 새를 자세히 관찰하고 공부하고 대화하는 이유…, 그 이유는 언젠가 나도 운치 넘치는 새 한 마리를 멋들어지게 그릴 수 있을 것이라는 흥분 때문이다. 흉중성죽의 경지는 이런 과정을 필요로 하기 때문이다.

하늘에서 쏟아지는 저 아름다운 별빛들…. 저 수많은 별빛들도 바로 조금 전에 출발해서 우리 눈에 들어오게 된 것이 아니란다. 수천 수백 년 전에 출발한 것이 오늘에야 비로소 우리 눈에 도착한 것이란다. 그래서 누군가는 저 아름다운 별빛을 '묵은 별빛'이라 하지 않던가? 나도 잉꼬를 부단히 관찰하고 연습해서, 그 '묵은' 노력으로 언젠가는 아름답고 감동적인 신운의 사의화를 그려 낼 수 있기를 간절히 기대해 본다.

사전과 국력

외국어를 전공하는 대학생들도 요즘은 종이 사전辭典을 들고 다니지 않는다. 인터넷 사전 덕분이다. 스마트폰만 켜면 언제 어디서나 알고 싶은 단어의 뜻을 쉽게 찾아볼 수가 있기 때문이다. 하지만 여전히 종이 사전의 존재 가치는 결코 낮게 평가될 수 없는 소중한 것임에 틀림이 없다. 물론 빠르게 변해 가는 시대 속에서 종이 사전의 생명력이 얼마나 오래갈지는 알 수 없는 일이지만….

사전은 국력을 평가해 주는 바로미터와 같은 존재다. 저력을 가진 나라에선 분야별로 별의별 사전들이 다 구비되어 있고, 특정 나라의 말을 배우는 데 필요한 그 나라 외국어 사전들도 한두 종류가 아니다. 반면, 못 사는 나라 사정은 크게 다르다. 오늘과 같은 글로벌 시대에 영어나 일본어·중국어를 좀 쉽게 배워 보려고 해도, 자기 나라말로 설명이 되어 있는 변변찮은 외국어 사전 하나 없기 때문이다. 있다 해도 포켓 사전 정도라 하니 말이다.

나는 90년대 중반에 중국에서 유학을 했다. 당시 내가 다니던 학교에는 각국에서 중국어를 배우러 온 유학생들이 많았다. 그런데 두터운 중국어 사전을 들고 다니는 외국 학생들은 그리 많지 않았다. 못 사는 나라 유학생들은 자기 나라말로 만들어진 중국어 사전이 없다고 했다. 이때 깨달았다. 사전 한 권에도 국력이 반영되어 있다는 사실을….

한 권의 사전은 그냥 쉽게 만들어지지 않는다. 대단한 사명감과 끈기가 요구되는 결과물이다. 한 사람의 힘으로도 되지 않는다. 수많은 전문가들의 피눈물 나는 노력이 수반되고, 연구·집필·제작에 필요한 자본이 따라 주어야 한다. 그러니 평범한 한 권의 사전이라 할지라도, 그 속에는 인적·지적·물적 자본이 총망라되어 있어 국력의 상징으로 가늠하기에 충분하다.

나도 한때 중국어 사전 편찬에 참여한 일이 있다. 출발부터 완성까지 전 과정에 참여하지는 못했지만 해를 넘겨 가면서까지 전업專業 신분으로 집필 작업에 동참했었다. 해도 해도 끝이 없는 그 지난한 작업 속에서 참으로 많은 것을 느꼈고 큰 경험을 했다. 지금도 그 사전을 보면 함께했던 분들의 노고가 떠오르고, 특히나 편찬 책임자였던 교수님의 고민에 찬 그 모습이 아직도 눈에 선하다.

내가 참여한 사전은 아니지만, 고려대학교 민족문화연구소가 편찬한 중한사전의 후기를 읽다 보면 눈물겨워 책장을 넘기기가 어렵다. 한 권의 사전이 만들어지기까지의 그 여정은 한 개인이나 조직의 집념을 뛰어넘어 국가와 국력 이상의 뭔가를 생각하게 해 준다. 1971년에 시작한 구상으로부터 1989년 출판에 이르기까지 거의 20년 동안 연인원 27만 명이 동원됐다는 말은 차치하고라도, 그 곡절 많았던 시련을 극복한 후에 탄생된 이 한 권의 종이 사전 앞에서 우리는 숙연해지곤 한다.

우리말 사전 편찬에도 감동적인 이야기가 있다. 1910년대 한글 사용이 금지된 일제 강점기에 국어학자 주시경과 그의 제자들이 최초로 편찬한 우리말 사전에 대한 이야기다. 사전 하나를 위해 목숨을 걸고 전국의 우리말을 모으는 그 가슴 찡한 감동 스토리가 영화로도 만들어졌으니 바로 '말모이'다. 이 영화는 사전과 국력이라는 상관관계를 돌아보게 하는 데 큰 감명을 주기도 하지만, 나에겐 또 개인적인 스토리가 있는 영화이기도 하다.

영화 '말모이'에는 변사 공연과 관련된 장면들이 적지 않게 나온다. 나도 한때 '검사와 여선생'이란 무성영화로 변사 순회공연을 한 적이 있고, 초청을 받아 서울에 가서 공연을 하기도 했었다. 어느 날, '말모이' 영화 제작사에서 연락이 왔다. 판수 역의 유해진, 정환 역의 윤계상, 봉두 역의 박지환 세 분에게 변사 교육을 좀 부탁한다는 요지였다. 세상에…. 아마추어가 프로에게 교육을 하다니…. 이건 아니다 싶어 사양했지만, 여러 측면에서 영화 '말모이'는 내게 특별한 의미와 감동을 안겨 준 영화였다. 최초의 우리말 사전 '말모이'가 정식으로 출판은 되지 못했다고 하지만, 그 정신은 영원무궁할 것이다. 우리나라, 그리고 우리 국민의 자부심인 한글이여, 만세!

앎과
실천

완벽할 정도로 아름다운 한 여인이 있었다. 어느 날 그녀는 한 남자와 결혼을 한다. 그러나 결혼 후 아내는 지나친 독설과 간섭으로 남편을 닦달한다. 그 결과 남편에게 가정은 점차 지옥으로 변해 버렸고, 아내는 저승사자가 되고 만다. 남편은 아내와의 '결별' 프로젝트를 계획하고, 한 카사노바에게 자기 아내를 유혹해 달라고 부탁한다. 카사노바는 그 여인을 '여자'가 아닌 '연인'으로 대해 주며 배려와 관심을 수단으로 마음을 사로잡는다. 여인은 마침내 새로운 상대를 통해 삶의 의미와 존재 가치를 깨닫고 일상의 즐거움을 만들어 간다. 이 과정을 지켜보고 있던 남편에게 변화가 생긴다.

'버리기'로 작정했던 아내에게서 그동안 잊고 살았던 소중한 가치를 재발견하게 된 것이다. 남편은 다시 아내의 소중함을 뼈저리게 실감하고, 두 손을 꼭 잡고 권태기 이후의 행복한 삶을 시작한다. 바로 영화 '내 아내의 모든 것'의 줄거리다.

영화라는 관점에서 충분히 있을 법한 설정이라 생각이 된다. 그러나 마음은 별로 편치 못하고 뭔가 찝찝하다는 생각이 든다. 인간의 도리상, 그리 바람직하지 못한, 있어서는 안 될 '권유된 불륜'의 또 다른 단면이기 때문이다. 그럼에도 사람들은 이 같은 재미 위주의 '로맨틱 코미디' 속에서 영화감독이 던지고자 한 메시지를 정확하게 파악할 수 있었던 모양이다. 그랬기에 주위 사람들이 날더러 꼭 한 번 보라고 권유도 하고, 또 우리 삶을 한 번 돌아보게 하는 영화라고 관람평까지 들려주었을 것이다.

나는 결혼도 했고 상당한 시간이 흘러 어느덧 중년을 넘긴 남자가 되었다. 지금 나에게 가정은 어떤 공간이고, 아내와의 관계는 어떠한가? 영화를 계기로 나를 돌아보게 되었다. 무엇이 행복이고, 그 행복을 위해서는 어떻게 살아가야 할 것인가? 대단히 이성적이고 교과서적인 결론이 나온다. 결론은 '닭살'이다. 아내의 존재에 감사하고 그 소중함을 잊지 않고 살기 위해 심기일전해야겠다는….

세월은 가슴 뛰던 사랑도 담담한 일상으로 만들어 놓고 말았고, 그런대로 뜨거웠던 청춘의 열기도 미지근한 온기로 변화시키고 말았다. 세월의 가장 무정한 해코지는 잠시라도 못 보면 죽을 것 같던 그 사람을 이제는 '그냥' 함께 살아가는 무덤덤한 '식구'로 만들어 놓은 것이다. 아니다. 말을 잘못했다. 세월이 그렇게 만들어 놓은 것이라 치부하고 보면, 아내에 대한 책임을 회피하는 것이 될 것이다. 내가 너무 무심하게 살았다고 해야 옳고, 그렇게 자책해야 옳을 것이다.

아내는 간혹 사랑을 확인하기 위해 유도 심문하듯 말을 걸어 온다. 그럴 때면 항상 나의 변함없는 사랑을 믿어 달라며 솔직한 마음을 말해 주지만, 아내의 반응은 그리 달갑지가 않다. 기대하는 대답의 절반에도 못 미친다는 표정이다. 그렇다면 아내는 어떤 말을 듣고 싶어 하고, 어떤 수준의 사랑 표현을 원하는 것일까? 또래 친구들에게 조언을 구해 보고 싶어도, 이론적인 충고나 조언은 별 도움도 되지 않을 것 같고, 또 아무런 의미도 없을 듯하다.

중요한 건, 사랑으로 박동치는 청춘의 떨림은 약화되었다 할지라도 지금 내가 할 수 있는 최상의 답안은 단 하나다. 자상한 관심과 따뜻한 배려로 아내에 대한 사랑을 확인해 주는 길밖에 없다는 것…. 이것이 이번에 영화 '내 아내의 모든 것'을 보면서 느낀 교훈이다. 그래서 이제부터라도 아내가 행복해할 수 있는 그런 삶을 한 번 살아 봐야겠다는 결심을 하게 된다. 그런데 아는 것이 중요한 것이 아니라 실천하는 것이 중요하다는 것을 어찌 몰랐을꼬?

영화를 다 보고 아내와 함께 계단을 내려오는데, 새치기를 하는 사람들이 중간에 끼어들어 우리 부부는 이산가족이 되고 말았다. 이럴 땐, 끼어드는 사람들을 먼저 보내 주고 아내 손을 꼬옥 잡고 내려왔어야 했다. 이것이 영화에서 배운 교훈이었다. 그런데 나는 아내가 바로 뒤따라 나오는 줄 알고 성큼성큼 밖으로 걸어 나왔고, 아내는 뒤에 처져 오면서 남편의 무심함에 열이 오를 대로 올랐던 모양이다. 그날 밤 귀갓길은 두 번 다시 생각하기도 싫다. 아내에 대한 미안함과 내 자신의 철없는 행동이 죽도록 미워서….

일 년에 한두 번 보는 영화, 아내에게 잘해 보겠다고 결심을 하게 했던 영화, '내 아내의 모든 것'…. 감독의 메시지는 좋았지만, 현실 속의 나에겐 별로 큰 영향을 주지 못한 영화가 되고 말았다. 영화에서 배우고 느낀 역지사지易地思之의 교훈도 영화가 끝남과 동시에 반납해 버렸으니, 언제나 철이 들어 아내를 기쁘게 해 줄 수 있을까? "남자는 자기를 알아주는 자를 위해 목숨을 바치고, 여자는 자기를 즐겁게 해 주는 자를 위해 얼굴을 꾸민다士爲知己者死, 女爲說己者容"라고 했던가? 사마천司馬遷의 이 표현이 절대적이라 한다면, 내 아내가 앞으로 얼굴 꾸밀 일은 없을 것 같다. 남편 하나에게만 기대를 건다면 말이다.

출생의 비밀과 새옹지마

나는 출생의 비밀을 가지고 있다. 아는 사람만 아는 비밀이다. 비밀이라고 하니, 혹 막장 드라마를 많이 본 분들은 우리 부모님의 복잡한 남녀 간 정분情分 관계를 상상하는 사람도 있을지 모르겠다. 그러나 내 비밀은 우리 부모님의 무슨 로맨스나 외도로 만들어진 충격적인 비밀이나 사건이 아니다. 내 나이를 제대로 인정받지 못하고 살아가고 있다는 비밀이다.

나는 우리나라에서 특별히 회자되고 있는 그 '유별난' 58년 개띠다. 하지만 호적에는 60년생으로 되어 있고, 생일도 아무런 의미가 없다. 음력도 아니고 양력도 아니기 때문이다. 그냥 365일 중에 아무 날이나 택해서 대충 호적에 올린 것처럼 보인다. 누군가와 통성명을 하고 나이를 밝혀야 하는 자리에서는 참 난처하다. 58년생이라 말해도 불편하고, 60년생이라고 말해도 불편하다. 그래서 한동안은 내 나이를 밝힐 때 상당히 자세한 설명을 길게 하면서 살아왔다. 하지만 요즘은 지혜를 발동하여 간단하게 말한다. "예, 저는 육공년 개띠입니다." 말도 안 되는 표현이지만, 내겐 불편한 진실이다. 나이에 비슷한 사연을 가진 사람은 무슨 뜻인지를 단번에 이해한다. 그리고는 완전 동감의 미소를 보내며 고개를 끄덕여 준다. 한때 우리나라엔 이런 '낭만'의 역사도 있었다.

나이 때문에 나는 한때 '피'를 봤던 사람이다. 고등학교 때 대학을 갈 수 없는 처지라 공무원 시험을 준비했다. 지금의 9급 공무원…. 당시에는 '5급 을'이라 했던 것 같다. 면 서기가 되는 시험이었다. 그런데 한참 후에 알게 되었다. 나이가 두 살 어리게 되어 있어서 시험에 응시할 자격이 안 된다는 것을…. 그때 그 충격을 생각하면 지금도 하늘이 노랗다.

꼭 희망이 없었던 건 아니다. 호적 나이도 고칠 수 있는 제도가 있었기 때문이다. 일말의 희망을 걸었으나 결국 법원 재판 결과는 '불가'였다. 당시 나이 고치는 것이 사회적으로 문제가 되었기 때문이라고 했다. 최근에 어느 공무원과 이야기를 나눌 일이 있었는데, 그분도 거의 나하고 같은 경험을 가진 분이었다. 자신도 당시 법원에서 '불가' 판정을 받았는데, '병력 면탈의 기도가 있음'이라는 이유 때문이라고 했다. 난 무슨 의미인지도 잘 모르겠다. 어쨌든 나이에 얽힌 얄궂은 운명은 늘 술자리에서 안주거리가 되고 있다.

어쨌든 세월은 흘렀고, 이제는 어려운 과정을 거쳐 그럭저럭 최소한의 사람 구실은 하고 산다. 그런데 지금 와서 가만히 생각해 보니, 한때는 두 살 어린 나이 때문에 가슴을 쳤던 것이 지금은 더 유익이 되고 있다. 그렇다. 그 덕분에 58년 개띠 친구들보다 2년을 더 봉급 받고 일할 수 있게 되었으니 말이다. 이런 것을 "인간지사 새옹지마塞翁之馬"라고 하던가? 비록 어느 한 순간에는 대단한 불행이요 손해라고 생각되던 어떤 객관적 사실도, 시간이 지나고 다른 환경이 되었을 때는 오히려 그것이 삶에 득이 된다는 세상 이치…. 중국 ≪회남자淮南子≫에 나오는 새옹지마의 고사가 이를 증명해 준다.

옛날 중국 국경 지역에 한 노인이 말을 키우며 살았다. 어느 날 말이 국경을 넘어 다른 나라로 도망을 가 버렸다. 마을 사람들이 노인을 위로해 주었다. 그런데 노인은 오히려 그리 걱정할 일이 아니라고 말했다. 그런데 며칠 뒤 도망갔던 말이 돌아오면서 친구를 데리고 돌아왔다. 사람들이 이를 축하해 주자, 이번에는 노인이 꼭 그리 좋아할 일만은 아니라고 했다. 하루는 노인 아들이, 데리고 온 말을 타고 놀다가 낙마하여 다리가 부러졌다. 사람들이 노인을 위로하자 그는 또 그것이 꼭 그리 나쁜 일만은 아니라고 했다. 아니나 다를까 그 아들은 다리가 부러진 것 때문에 징집에서 면제가 되었고, 전쟁터에서 죽어야 할 불행을 면하게 되었다. 고사성어 '새옹지마'가 탄생하게 된 배경이다.

우리는 살면서 많은 일들을 경험한다. 그중에는 좋은 일도 있고 궂은일도 있다. 어떤 경우든 이런 상황에 봉착하게 되면 우리는 자신도 모르게 당장의 상황 논리에 따라 쉽게 일희일비하곤 한다. 앞으로 어떻게 반전될지에 대해서는 한 치 앞도 내다보지 못하면서…. 그때마다 새옹지마의 이치는 우리에게 삶의 지혜를 알려 준다. 힘들 때 너무 낙담하거나 포기하지 말고, 잘나갈 때 너무 거만 떨거나 자만하지 말라고….

노자老子도 일찍이 이 세상엔 좋은 것만 있는 것도 아니요, 또 나쁜 것만 있는 것도 아니라고 역설했다. "화에는 복이 기대고 있고, 복에는 화가 엎드리고 있다禍兮福所倚, 福兮禍所伏" 라고 하면서…. 대립적인 화와 복이 불가분의 관계에 있음을 말하고 있다. 확장하여 강조하는 바는 간단하다. 아무리 어려운 역경이라 할지라도 백절불굴*의 정신으로 끝까지 버텨내며, 전화위복의 날을 기다리라는 말이다. 아무리 어깨에 힘이 들어가는 순경順境이라 할지라도, 너무 자고자대自高自大하지 말고 겸손하고 신중한 태도로 살아가라는 말이다.

역시 말은 쉬운 것 같으나, 실제 삶에서의 실천은 그렇게 쉽지가 않은 듯하다. 그럼에도 불구하고 내 나이 두 살 어린 것으로 인해 때로는 손해를 봤다가, 때론 이익을 봤다가 하니 새옹지마의 이치가 멀리 있지 않았다. 바로 내 삶 가장 가까이에 있었다.

* 백 번 꺾여도 굴하지 않는다는 뜻.

생명의
숭고함을
생각하며

나는 화초를 사랑한다. 좋아할 뿐 잘 키우는 재주는 없다. 그래서 간혹 지인들로부터 받게 되는 선물 중에 다소 부담스러운 선물이 화분이다. 죽이지 않아야 선물한 사람에게 면목이 서기 때문이다. 화초는 녀석들이 필요로 하는 만큼의 관심과 사랑이 중요하다. 그런데 나는 그걸 잘 몰라 내 방식대로 화초를 사랑하다 보니 늘 탈을 내고 만다. 결론은, 너무 지나친 사랑 때문에 주로 뿌리가 썩어 버리는 그런 경우다.

'사랑의 결핍'이 문제가 된다는 건 이해가 되지만, 넉넉한 사랑 때문에 해가 된다는 사실은 내가 어찌해야 좋을지 갈피를 잡을 수 없게 만든다. 적어도 탈, 많아도 탈…. 그래서 아무나 화초 전문가가 되는 게 아닌가 싶다. 그런데 다행히 몇몇 화초는 늘 물에 담아만 놓아도 괜찮고, 수분이 영 없어도 몇 달을 살 수 있는 '무감각파'들이다. 나는 이들과 궁합이 좀 잘 맞는 것 같다.

언젠가 지인으로부터 여러 선인장류가 담긴 '손바닥 정원'이라는 화분을 하나 선물 받았다. 그때는 물 주는 방법을 자세히 들어, 처음에는 크게 문제가 없었는데, 뒤에 가서는 그 정보를 다 잊어버리고 말았다. 결국 내 방식대로 대충 물을 주다 보니 급기야는 하나하나 세상을 떠나고 말았다. 썰렁해진 화분이 보기 싫어 남은 세 종류를 작은 화분에 옮겨 심었다. 하지만 옮기고 물을 주는 과정에서 이파리 하나가 떨어져 나가고 말았다. 많이 아쉽고 미안했다.

그 당시 나는 왜 그 떨어진 이파리를 치우지 않고 그대로 두었는지 모른다. 두 달쯤 지난 어느 날, 그 이파리가 눈에 띄었다. 놀랍게도 여태까지 마르지 않고 탱탱한 모습을 하고 있었다. 신기해서 자세히 보니 그 이파리 밑에는 눈에 보일 듯 말 듯한 가는 실뿌리가 몇 올 나와 있었다. 너무나 대견스러워 옆의 흙으로 뿌리를 살짝 덮어 주었다. 한동안 잊고 살다가 오늘 우연히 보았는데 누워 있던 그 이파리가 꼿꼿하게 서 있었다. 밑으로 내린 그때 그 실 뿌리의 힘을 받고서….

순간, 가슴이 찡해 왔다. '생명의 숭고함'이란 말을 바로 이럴 때 쓰면 참 잘 어울리겠다는 생각이 들었다. 인간의 손길에 의해 무심코 버려진 생명 '쪼가리' 하나가, 더 이상 누구의 손길도 닿지 않을 포기된 '쪼가리' 생명 하나가 이렇게…. 세상에, 세상에…. 주목받지 않을 수도 있었던 자연 현상의 한 모퉁이에서 치열하게 살아 내려고 발버둥 치고 있는 한 생명체의 숭고한 정신을 온몸으로 느끼면서, 이것이 곧 오늘 우리 인간들이 배워야 할 큰 가르침이 아닌가 생각해 본다.

생각은 다 비슷하겠지만, 갈수록 우리 사회는 생명을 너무 경시하는 풍조로 흐르고 있는 것 같아 참으로 안타깝다. 별것 아닌 일에도 쉽게 다른 사람의 생명을 앗아가기도 하고, 세상을 포기할 정도로 심각한 문제도 아닌 것 같은데 쉽게 스스로의 생명을 내던져 버리는 뉴스가 일상이 되어 버렸다. 어디서부터 어떻게 풀어 나가야 이런 비극이 우리 사회로부터 멀어질 수 있을까?

현실을 돌아볼 때, 직방으로 효과를 낼 수 있는 극약 처방도 쉽지 않을 듯하고, 모든 사람의 불평불만을 불식시켜 이런 비극을 줄일 수 있는 대책도 결코 쉽지가 않을 것 같다. 무엇보다 개인 각자가 건전한 가치관을 가지고 상대적 박탈감이나 소외감으로부터 해방되는 노력을 통해 자신의 삶에 자부심을 느끼며 살 수 있도록 노력하는 자세가 중요할 것 같다. 그런 삶 속에서 생명의 소중함과 행복을 느낄 수 있는 싹이 트기 때문이다.

우리는 때로 크고 화려한 것에만 행복이 존재할 것으로 생각하는 경우가 많다. 많은 것을 가지고 원 없이 누리며 살아가기에 그 사람이 행복의 극치를 만끽하고 있을 것으로 생각할 수도 있다. 그럴 수도 있지만 반드시 그렇지 않을 수도 있다. 이 세상에는 대단한 부와 명예 속에서도 잠 못 이루는 불면의 밤으로 괴로워하는 사람도 적지 않다고 한다. 행복이 '가진 것'에 비례한다는 이치가 '참'이라면 이는 대단한 아이러니라고 생각되는 현상이 이 세상엔 차고 넘친다.

그래서 행복은 '해석'에 답이 있다고 말하고 싶다. 비록 낮고 보잘 것 없는 삶을 산다 해도 해석하기에 따라 천하의 '행복 덩어리'가 될 수도 있다는 말이다. 삶의 행복지수를 채점하는 사람은 남이 아니라 바로 나 자신이기 때문이다. 어떤 삶을 살아가든 항상 자신의 삶에 박수를 보내며 긍정하고 자애하는 노력을 잃지 않는다면 분명 오늘의 행복보다는 내일 더 큰 행복이 찾아오게 될 것이다.

나는 늘 '기적'의 행복 덩어리라고 자신 스스로를 격려하며 살아왔다. 지금의 이야기가 아니다. 대학을 다닐 때, 잠자리가 없어서 학교 계단 밑에서 잠을 자던 때에도, 너무나 살기 힘들어 눈물을 삼키며 하루하루를 연명해 갈 때도 자칭 '행복한 놈'이라 해석하며 살아왔다. 우리는 모두가 서로 상황을 달리하는 기적의 주인공들이 아닐까 싶다. 지금 살아있다는 이 자체만 해도 참으로 기적이 아닐까 생각한다. 인류 전체를 놓고 보면 인간의 평범한 삶이지만, 개인을 놓고 보면 모두가 기적인 셈이다. 그 기적 속에 갖가지 감동이 있고, 그 감동이 곧 인류 역사상 유일무이한 나만의 최고 가치요 내가 살아가는 의미일 것이다.

연극과 인생

연극의 '연' 자도 모르던 내가 연극을 좋아하게 된 것은 중학교 때 친구 이정희 덕분이다. 재수로 1년 늦게 대학에 들어갔을 때 친구는 한 해 선배가 되어 있었다. 연극 동아리 활동을 하고 있던 친구는 내게도 가입을 권했다. 이것이 내가 연극과 인연을 맺게 된 첫 출발이다. 오늘, 연극으로 행복하게 살아가고 있음은 모두가 친구 덕이다. 그래서 친구가 중요하고 훌륭한 친구를 두면 이렇게 큰 덕을 보게 되나 싶다.

40대 중반이던 어느 해, 나는 '논개'라는 제목의 뮤지컬 공연에 참여한 적이 있다. 본래 모습이 간사하게 생겨선지 내가 맡은 배역은 일본 왜장이었다. 2시간이 넘도록 70여 명의 배우들이 열연했던 이 공연은 참으로 잊을 수 없는 작품 중의 하나로 기억된다. 나는 단역이었다. 막이 오르면 내가 높은 곳에 서서 지휘봉을 들고 왜군들에게 명령을 내리는 역할이었다. “돌격하라! 돌격하라! 여기는 진주성…” 가늘고 찢어지는 듯한 간사한 목소리로 3분 정도 대사만 치고 나면 내 역할은 모두 끝나는 것이었다. 덕분에 연기자 대기실을 몰래 빠져나온 후 객석 뒤에 앉아 남은 연극을 모두 감상할 수 있었으니, 참으로 흔치 않은 호사였다.

‘논개’는 극적이고 감동적인 장면이 참 많았던 연극이다. 그중에서도 지금도 생각하면 가슴이 먹먹해지는 두 장면이 떠오른다. 하나는 꼬마의 죽음 장면이고, 또 하나는 피난 행렬이다. 극 중의 꼬마는 왜군에 맞선 진주 시민들을 고무하기 위해 북을 치는 소년이었다. 총칼 앞에 시민들은 다 쓰러져 죽고 마침내 혼자 남았을 때, 무정한 총탄 하나가 그의 가슴까지 관통을 하고 만다. 총성이 울린 후 휑한 무대엔 화약 연기만 자욱할 뿐 아무런 미동도 소리도 없다. 북채를 높이 든 소년은 한 손으로 가슴을 움켜쥔다. 시선은 허공이다. 이 엄숙한 장면 앞에서 우린 감히 숨도 제대로 내쉬지 못했고, 모두 호흡까지 멈춰 버렸다. 한참 후 손에서 북채가 떨어진다. 이때 무대 바닥을 구르며 내는 둔탁한 그 북채 소리는 모든 이의 눈물샘을 펌프질했다. 압권 중의 압권이었다. 지금도 그 장면을 회상하노라니 눈에 눈물이 핑 돈다.

또 하나는 피난 행렬로, 아무런 대사 하나 없이 끝없이 이어지는 '지루'한 장면이다. 이때 출연한 배우들은 극 중에서 입 한 번 열어 볼 기회도 없이, 이 1분의 행렬을 위해 존재했던 단역들이었다. 그러나 그 속에 엄청난 역량을 가진 감동이 있을 줄은 꿈에도 생각하지 못했다. 그것은 쉰 명에 가까운 배우들이 각자 상황에 어울리도록 연출해 낸 그 핍진逼眞함 때문이었다. 누구 하나 억지로 끌려나와 '지나가는' 사람 '갑을병정'으로 비치지 않았기 때문이다. 그들은 작품 속에 완전히 녹아들어 각자의 개성을 최대한 발휘하고 있었다. 그들의 표정과 행동 속에는 가족을 잃은 슬픔, 생이별의 고통, 피곤에 지친 괴로움 등이 그대로 묻어나 감화의 명장면으로 승화가 되었고, 그 감동은 마침내 우리의 코끝을 시리게 해주었다. 가히 단역들이 만들어 낸 장관 중의 장관이 아닐 수 없었다.

연극 현장에서는 "매력 없는 배우는 있어도, 매력 없는 배역은 없다"라는 말을 자주 한다. 주연이니 조연이니 배역 타령하지 말고 자기가 맡은 역할에 충실할 것을 강조하는 말이다. 그렇다. 아무리 중요한 주연을 맡았다 해도 감동과 매력을 별로 주지 못하는 배우가 있다. 반면, 대사 한마디 없는 짧은 단역으로 잠시 나왔다 사라지는 역할이라 할지라도 막이 내린 후 긴 여운과 깊은 인상을 주는 배우도 있다. 배역의 경중이 문제가 아니라 바로 작품에 대한 열정과 진지함이 만들어 낸 결과다.

우리네 인생도 마찬가지가 아닌가 싶다. 연극에서 단역도 잘 감당하면 큰 감명을 줄 수 있고 높은 평가를 받을 수 있는 것처럼 우리의 삶에서도 지위 고하나 부귀의 크기에 관계없이 자신의 자리에서 최선으로 살아갈 때 충분히 빛나는 인생이 될 수도 있고, 그런 삶의 방식이 우리가 추구해야 할 가치가 아닌가 생각된다.

비슷한 맥락에서 더글러스 멜로크의 시가 큰 의미로 다가온다. 그는 이런 내용으로 노래했다. 산꼭대기의 소나무가 될 수 없다면 골짜기의 나무가 되고, 그것도 어렵다면 풀이 되고, 그것도 어렵다면 이끼가 되어라. 다만 이끼가 될지라도 그 호숫가에서 가장 '생기' 있는 이끼가 되라고…. 그리고 덧붙인다. 우리는 다 선장이 될 수 없다. 선원도 필요하다. 우리는 누구나 다 쓸모 있는 존재다. 해야 할 큰일도 있다. 또한 작은 일도 있다. 그리고 우리가 해야 할 일은 가까이 있다. 만일 당신이 고속도로가 될 수 없다면 오솔길이 되어라.

만일에 당신이 태양이 될 수 없다면 별이 되어라. 승리와 실패가 문제가 아니다. 당신의 최선을 다하라.

옛말에 이런 말이 있다. "고목봉춘유재발, 인무량도재소년枯木逢春猶再發, 人無兩度再少年." 즉 "마른 나무도 봄이 되면 다시 피어나지만, 사람에겐 두 번 다시 젊음이 없다"라는 의미다. 한 번뿐인 우리네 삶…. 인생에서 어떤 배역을 맡았든 관계없이 열정과 신명으로 후회 없는 삶을 살았노라고 증거 할 수 있는 오늘이 되길 간절히 빌어 본다.

'빗나간' 행복

옛날에 한 대왕이 있었다. 죽을 때까지 왕위를 자식에게 물려주지 않으려고 25세인 왕자에게 기저귀를 채우고 동요를 부르도록 하면서 영원한 '어린애'로 살게 했다. 대왕은 기고만장한 위세를 부리면서 편안함 속에서 살았지만, 백성들은 갈수록 고통만 심해 갔다. 하루는 죽음의 사자가 찾아와 대왕에게 고지서 한 장을 전달한다. 해가 기울기 전까지 목숨을 바쳐야 한다는 내용이다. 단, 누군가가 자청해서 대신 죽어 줄 사람이 있다면 죽음을 면할 수 있다고 했다. 하지만 아무도 왕을 대신하여 죽어 줄 사람이 없었다. 어차피 곧 죽을 것으로 생각되는 95세의 선왕 아버지도, 매일 죽겠다고 노래를 부르던 거지까지도 거절을 한다. 어쩔 수 없이 대왕은 왕위를 물려주고 죽음을 결심한다. 이때 대왕은 20년 동안 한 번도 들어 보지 못했던 백성들의 환호 소리를 듣게 된다. "대왕 만세."

이근삼의 희곡, '대왕은 죽기를 거부했다'의 줄거리다. 이 희곡은 내가 대학 1학년 때 연극 동아리에 들어가 처음으로 공연에 참여했던 작품이다. 20대 초반에 95세 늙은이 선왕 역을 맡았던 나…. 연극에 대한 아무런 지식도 개념도 모른 채 그저 선배들이 시키는 대로 따라서 무대를 밟던 철부지 시절의 이야기다. 그러나 공연 며칠 전 10.26 사건이 터졌고, 이 때문에 공연은 불발탄이 되고 말았다. 내 인생 비하인드 스토리 중의 한 장면이다.

어느 할아버지 이야기다. 젊었을 때 남의 집 종살이로 돈을 많이 모아 결혼을 했다. 그런데 어느 날 마누라가 재산을 죄다 챙겨 도망을 가 버렸다. 며칠 뒤에는 또 마누라 빚쟁이들이 찾아와 돈 내놓으라고 몇 날 며칠을 두들겨 팼다. 할아버지는 불구가 되어 아무 일도 할 수 없게 되었다. 가족도 없고 먹고 살길도 없는 할아버지…. 그런데 동네 사람들에겐 이 노인의 불행이 위로가 되었다. 사람들은 사기를 당해도 '할배'보다는 행복하다고 했고, 남편에게 아무리 구타를 당해도 '할배'보다는 행복하다고 공개적으로 자신들을 위로했다. 어느 날 할아버지는 한 어린애를 죽여 뒷산에 묻는다. 무슨 억하심정으로 그랬냐는 경찰의 질문에 노인은 대답한다. “나도 한순간만이라도 행복해 보이고 싶어서 그랬다. 적어도 자식 먼저 보낸 부모보다는 내가 더 행복할 것 같아서 그랬다.”

작년에 내가 출연했던 단편영화, ‘행복을 찾아서’의 줄거리다. 역시 할아버지 역할이었고 불발탄으로 끝났다. 촬영을 다 해 놓고 편집 중에 중단이 되었단다. 이유야 어떻든 혹시 내가 주인공 역을 제대로 소화하지 못해서 그런 것이 아닌가 싶어 미안하기만 하다. 하지만 감독의 말은 여러 가지 이유가 있어서라고 했다. 어쨌든 첫 연극도 불발, 첫 영화도 불발…. 첫 연극도 노인, 첫 영화도 노인…. 뭔가 공통점이 있다는 생각과 함께 씁쓸한 여운이 머리를 스쳐간다.

불발탄이긴 하지만, 난 오늘 이들 두 작품을 통해 내 자신의 존재 가치와 삶의 의미를 한 번 깊이 생각해 본다. 나는 왜 살고 있으며, 어떤 가치관을 가지고 어떻게 살아가고 있는가? 작품 속의 캐릭터와 현실 속의 나를 한 번 비교해 보자는 의미다. 연극 속의 나는 올해 95세다. 죽어도 죽기를 거부하는 인물이다. 영화 속의 나는 천하에 불쌍한 노인이다. 그래서 잠시라도 행복을 맛보기 위해 죄 없는 꼬마를 죽인다. 그래 놓고도 일말의 가책苛責도 느끼지 못한다. 이런 배역들을 맡았다가 돌아온 현실에서 이런저런 생각을 해 보게 된다. 가슴이 답답해 온다. 얼른 작품 속에서 뛰쳐나오고 싶을 뿐이다.

우리는 한동안 '웰빙'을 노래해 왔다. 그러다 어느 정도 유행처럼 '웰빙' 바람이 지나가자 '힐링'이란 화두가 나와 판을 치고 있다. 그러나 '힐링'도 유통 기한이 정해진 듯 서서히 '행복'이라는 화두에 자리를 내주고, 세인들의 관심에서 점점 멀어져 갈 준비를 하고 있는 듯하다. '행복….' 언제까지 이 관심사가 우리 곁을 맴돌다가 또 언제쯤 다른 화두에 자리를 내주고 열기를 잃어 갈 것인지….

육체의 건강이 강조되었던 '웰빙'도 좋았고, 정신적 건강을 도모하자던 '힐링'도 좋았다. 그리고 이들 둘을 다 아우를 '행복'도 앞으로 더없이 좋을 것이다. 하지만 어떤 형태로든 남의 불행을 나의 행복으로 바꿔 보려는 그런 '빗나간 행복'을 추구해선 안 될 일이다. 안타깝게도 불발탄으로 사라지긴 했지만 나의 첫 연극과 영화 속 캐릭터를 돌아보면서 현실의 내 자아에게 다짐을 받아 본다. 의미 있고 가치 있는 일로 행복한 그런 삶을 살아야 되지 않겠느냐고.

붕어빵

한 초등학교에 학부모 대상 특강을 다녀왔다. 강의 주제는 '본本이 되는 부모 역할'이었다. 요즘 들어 비슷한 내용의 특강을 요청해 오는 학교가 적지 않다. 나에게 주제 넘는 특강인 줄 잘 안다. 하지만 '본本'이 되지 못하는 부모로서의 후회와 실패담도 다른 사람에게 타산지석이 될 수도 있겠다는 생각에 부끄럽긴 하지만 요청이 있을 때는 망설이지 않고 응하고 있는 편이다.

그날도 약속된 시간에 맞춰 교문을 들어서는데, 서너 명의 어머님이 교문을 나오고 있었다. 그중 한 분은 아이와 동행하고 있었고, 그 학부모의 손에는 내가 강의할 자료가 들려 있었다. 행사에 참여하러 온 것 같은데 교문을 나서다니? 의 아해하던 차에 막 옆을 지나던 아이가 엄마에게 묻는 소리가 들렸다. “엄마, 왜 이름만 적어 놓고 나가?”

대충 감이 잡혔다. “누구누구 어머니, 행사에 참석했음.” 이런 의미의 기록만 남겨 놓고 집으로 돌아가는 것이라는 ‘감’ 말이다. 나는 그분의 전후 사정은 알 수가 없다. 피치 못할 바쁜 일이 있어서 그랬을 수도 있다. 진부한 교수의 고리타분한 이야기 들으나 마나 해서 친구 몇몇과 다른 시간을 보내려고 나갔을 수도 있다. 아니면 좀 있다가 다시 돌아와서 강의를 들었는지도 모른다. 하지만 그 시점에서 아이가 보기에 어머니의 행동은 이해할 수 없는 것이라 생각되었기에 이렇게 물었을 것이다.

세상에 힘들지 않고 어렵지 않은 일이 어디 있을까마는, 그중에서도 가장 어려운 일은 자녀에 대한 부모의 역할이 아닐까 싶다. 물론 자식을 포기해 버린다면 별 부담도 책임도 없겠지만 그건 인간의 도리가 아니기에 생각도 하지 말아야 할 일이다. 부모가 되었다면 자식이 독립할 수 있도록, 행복한 인생을 살아갈 수 있도록 잘 가르치고 양육해야 한다는 것이 상식 중에 기본이다. 하지만 우리는 부모로 살면서 때로는 짧은 생각에 이러저러한 우를 범하며 자녀들에게 보이지 말아야 할 것들을 보이며 사는 경우가 허다하다. 때로는 몰라서 때로는 알면서도…. 다름 아닌 바로 내 이야기다.

얼마 전 대학생 딸애가 운전면허증을 땄다. 내가 주행 연습을 시켜 주려고 동승해서 이런저런 교육을 시키면서 안전제일을 수없이 강조했다. 절대 신호 엄수, 절대 과속 금지, 절대… 절대…. 딸애의 생명을 위해 나는 얼마나 반복해서 강조하고 당부했는지 모른다. 하지만 그동안 내가 딸애를 태우고 운전을 하면서 무의식중에 보여 준 교통 위반은 그 얼마나 되며, 과속 범칙금 고지서를 보며 투덜대고 있는 나에게 그게 뭐냐고 물어 온 딸에게 들려준 나의 '쪼잔'한 변명은 얼마나 궁색했었던가? 그 변명이 자녀들에게 지금 얼마나 진실적으로 받아들여지고, 오늘의 운전 교육이 딸애의 평생 습관이 되도록 하는 데 얼마나 큰 신념으로 전달될 수 있었을까?

"나는 이렇게 살지만 너희들은 절대 그러면 안 돼." 이 말은 당연히 부모의 삶을 반면교사反面教師로 삼아 자식들은 그 반대 모습으로 잘 살아가라는 의미로 하는 말이다. 부모의 무한한 애정을 담은 '사랑의 화법'이기는 하지만, 부모를 배우며 자라는 자녀에게 할 수 있는 이상적인 교육 방식은 아님에 틀림없다. "최소한 네 아빠처럼만 살아다오." 이렇게 얘기할 수 있는 내가 되었으면 좋겠다. 자식 앞에서 삶의 본이 되는 그런 내가 되었으면 좋겠다. 비록 지금까지는 부끄러운 모습이 많았다 하더라도 이제부턴 삶 자체만으로도 교육이 되는 그런 나날이 되었으면 참으로 좋겠다.

우리말 중에 '붕어빵'이란 말이 있다. 부모를 꼭 빼닮은 자식을 두고 하는 말이다. 아무리 속이려고 해도 속일 수 없는 그 붕어빵들을 보면 너무나 신기하다. 얼굴은 물론이고 말씨나 행동까지 완전 판박이인 걸 볼 때면 간혹 섬뜩한 생각이 들기도 한다. 유전이라는 것이 저렇게 무섭고, 부모를 따라 배우는 그 영향이 저렇게 크구나 하고 실감되기 때문이다. 그래서 자식은 부모의 그림자와 같다는 말이 나왔을 것이다.

"형체가 굽으면 그림자도 굽고, 형체가 곧으면 그림자도 바르게 되어 있다. 그러니 굽을 수도 있고 곧을 수도 있는 것은 그 형체 때문이지, 그림자에게 원인이 있는 것이 아니다 形枉則影曲, 形直則影正. 然則枉直隨形, 以不在影"라고 한 열자列子의 말씀이 오늘 애비로 살아가는 나에게 큰 가르침으로 다가온다.

'내일'에는
어떤 '내 일'이 있을까?

며칠 전 편지 한 통을 받았다. 교도소에 수감 중인 한 분이 보낸 편지였다. 내가 보내 준 중국어 사전과 책으로 재미있게 그리고 열심히 공부하고 있다는 감사의 편지였다. 추석 명절 인사도 곁들였다. 내가 먼저 안부 편지를 썼더라면 더 좋았으련만, 인사의 순서가 뒤바뀐 것 같아 마음이 짠하기만 했다.

편지를 주신 분은, 인근 교도소에 재소자 인성 교육을 갔다가 맺은 인연이다. 최근에는 교육하러 자주 못 가고 있지만, 몇 년 전까지만 해도 매달 한 번씩 가서 교육을 해 왔다. 많은 사람들과 인연을 맺을 수 있었고, 몇 분과는 지금도 편지 왕래를 하고 있다. 이 분은 중국어 공부에 관심이 많아 내가 책을 좀 사서 보내 드렸더니, 매일 세 시간 이상 열심히 공부를 하고 있다 했다. 여러 인연들을 통해서 내가 배우고 느끼는 바가 적지 않다.

영어囹圄의 몸으로 무엇을 할 수 있겠는가라고 핑계를 댄다면, 사실 그 안에서 할 수 있는 일이라곤 별로 없을 것이다. 하지만 그럼에도 어떤 이들은 강한 의지를 가지고 할 수 있는 일을 찾아 치열하게 미래를 준비하는 자들도 많으니, 그런 모습에서 희망찬 '내일'의 '내 일'을 그려 보게 된다.

나는 쉰 살이 되기 전까지, 안정된 직장도 고정된 수입도 없이 상당히 불안한 삶을 살아왔다. 그 와중에 큰 힘이 되고 용기가 되는 노래 한 곡이 있었으니, 가수 진성이 부른 '태클을 걸지 마'라는 제목의 노래다. 과거 탓하지 말고 지금부터 더 열심히 살아가리라고 결심하고 다짐하는 내용이다. 나에게 큰 힘이 되었던 노래였기에 재소자 인성 교육 때도 나의 삶에 대한 솔직한 고백과 함께 이 노래를 그분들께 들려 드리곤 했다. 한때는 인생의 실패자와도 같았던 나의 삶도 누군가에게는 위로가 될 수 있겠구나 생각되어, 기회가 될 때마다 이 노래를 신명나게 부르면서 강의도 하고, 또 그들과 함께 합창을 하기도 했다. '태클을 걸지 마'란 이 노래의 가

사는 나의 고백 같은 내용이기도 하지만, 어쩌면 다른 사람들에게도 공감이 될 수 있는 내용이기도 하다.

> "어떻게 살았냐고 묻지를 마라. 이리 저리 살았을 거라 착각도 마라. 그래 한때 삶의 무게 견디지 못해, 긴긴 세월 방황 속에 청춘을 묻었다. 어허허 어허허, 속절없는 세월 탓해서 무얼 해, 되돌릴 수 없는 인생인 것을, 지금부터 뛰어, 앞만 보고 뛰어, 내 인생에 태클을 걸지 마."

이는 재소자들 중 누군가의 인생 이야기일 수도 있다. 그리고 그들의 각오일 수도 있다. 그래서 함께 노래할 때 눈물을 흘리는 재소자도 있었다. 언젠가는 강의 때 "내일이 있으면 또 내일이 있는데, 내일이 어찌 그렇게도 많은지요? 내 삶이 부질없이 내일만 기다린다면, 모든 일은 다 허사가 될 뿐이리라明日復明日, 明日何其多. 我生待明日, 萬事成蹉跎"라고 노래한 중국 시인 문가文嘉의 '명일가明日歌'란 시를 소개해 준 적이 있다. 그런데 이 글에 감명을 받은 이가 한 분 계셨던 모양이다. 어려운 환경에서도 그분은 이 시를 붓글씨로 연습해서 전국서예대회에 첫 출품을 하게 되었고, 이것이 계기가 되어 뒤에 가서는 법무부 장관상까지 받게 되었다고 했다. "와우

—!”

한때 인기리에 방영되었던 연속극 ‘정도전’이 있었다. 연속극 내용 중에, 삼봉이 업둥이에게 글을 배우라고 권하자, 업둥이는 “워째 영 자신이 없구마이라”라고 핑계를 대면서 꽁무니를 뺀다. 이때 삼봉이 이렇게 말한다. “맹자께서 ‘불위야, 비불능야不爲也, 非不能也’라 하셨다. ‘하지 않는 것이지, 할 수 없는 것이 아니다’라는 뜻이다.”, “포기하고 체념하면 아무 것도 이룰 수 없고, 하겠다고 작정하고 덤비면 뜻을 이룰 수 있다”라고 했다.

우리 앞에 놓인 어떤 문제든 하고자 하는 의지, 그것이 중요한 것이지 근본적으로 불가능한 일이란 없다는 의미다. 삼봉이 인용했던 맹자의 말은, 강력한 의지와 추진력을 가진 삼봉이라는 캐릭터를 부각하는 데 꼭 들어맞는 말이기도 했지만, 브라운관 앞에 앉아 있는 우리 시청자들에게 던지는 드라마 작가의 인생에 대한 훈수이기도 했을 것이다.

상황논리와 환경논리 운운하며 핑곗거리를 찾는다면, 아무리 ‘내일’이 끝없이 이어진다고 한들 내가 할 수 있는 ‘내일’을 기대하기란 어려울 것이다. 요즘 이런저런 핑계로 내가 할 일을 제대로 못하고 있는 현실 앞에서, 이 글은 나에 대한 반성이요 다짐의 글이다.

가진 줄을 아는 것

아내의 표현을 빌리자면 나는 참 '쪼잔'한 사람이다. '쪼잔'하다는 말은 통이 크거나 너그럽지 못하고 좀스럽다는 의미다. 그렇다. 인정한다. 나는 그런 사람이다. 하지만 그렇다고 내가 고개만 숙이고 있을 순 없다. 나름대로의 변명 아닌 설명이 필요하기 때문이다. 이 말부터 이미 '쪼잔'함을 보이고 있긴 하지만….

남자가 되어 가지고 쩨쩨하게 잘 삐친다는 것이 그 첫째다. 남자요 남편이라면 아내의 투정이나 짜증도 너그러이 받아 주고, 다툼이 있다 해도 얼른 화를 풀고 정상으로 돌아와야지 말도 않고 삐친 상태로 있으면 되겠느냐는 것이다. 아내는 내가 삐쳐 있는 침묵의 시간을 견디기 힘들어하는 성격이다. 반대로 나는 마음이 정리될 때까지 잘 견디는 편이다. 남편으로서 유일한 무기는 삐치는 것 말고 또 뭐가 있겠는가 싶다. 내 지론이다.

다음부턴 절대 안 삐치겠노라고 아내와 약속을 해 놓곤 또 일이 터지면 난 또 삐친다. 그러면 이젠 반대로 아내가 화를 풀지 않는다. 그런데 억울한 것은, 내가 삐치는 것은 밴댕이 소갈딱지 같은 사람이라서 그러는 것으로 해석되고, 아내가 삐치는 것은 아주 당연하고 정당한 것으로 해석된다. 아내에겐 기준이 없다. 그래서 귀에 걸면 귀걸이 코에 걸면 코걸이다. 참 억울한 남편이다. 그럼에도 나는 아내를 사랑한다. 왜? 세상에서 가장 나를 아껴 주는 사람이기에….

엊그제도 한바탕했다. 냉장고가 너무 작아 뭘 넣을 수가 없다고 해서…. 냉장고가 너무 작아? 아무 말 없이 냉장고 문을 열어 놓고 그 안에 있는 내용물을 다 끄집어냈다. 물론 죽을 각오를 하고 한 행동이었다. 아내가 가장 싫어하는 것이 하나 있다. 내가 냉장고 정리하겠다는 말이다. 아내에게 냉장고 정리는 아킬레스건이다. 아내에게 이기려면 이 아킬레스건을 건드리면 간단하다. 그러나 간혹 한 번씩일 뿐이지 자주 건드려 힘들게 하지는 않는다. 왜? 누구든 아킬레스건을 건드리면 참 '많이' 아프기 때문이다.

집안의 냉장고는 주부의 살림살이와 지혜를 가늠하는 바로미터로 작용할 때가 많다. 냉장고는 정리되지 않으면 뭐가 있는지도 모르고, 모르면 또 사서 채우게 된다. 크면 클수록 더 그렇고, 부지런하지 않으면 않을수록 더 그런 것 같다. 까만 봉지 속에 넣어 둔 냉동실의 삼분의 일은 안의 내용물이 무엇인지도 모르고 살아간다. 있는 줄을 모르면 없는 것이나 다름없다. 아니 아예 없는 것보다 못한지 모른다. 불편하게 공간만 채우고 있기 때문이다.

언젠가 이런 글을 본 적이 있다. 축복이란 없는 것을 가져서 누리는 능력이 아니라, 가진 것을 먼저 찾아내어 즐기는 능력이라는…. 우리 집 냉장고도 그런 게 아닌가 싶다. 크기가 너무 작다고 불평하면서 더 큰 것을 사려고 하기보다는, 중복되는 음식 재료를 사서 재지 않고, 유통기한이 지난 건 얼른 얼른 처리해서 공간 활용을 잘 한다면 가진 것으로도 살아가는 데 불편함이 없지 않을까 싶다.

중국인들은 기원전부터 민간에서 '화전花錢' 혹은 '패전佩錢'이라는 오락용 엽전을 만들어 장수와 만복을 빌고 출세와 천하태평 등을 기원하곤 했다. 그중에는 엽전 중앙에 뚫린 구멍 '口입구'를 활용하여 '吾唯知足오유지족'이라는 사자일체四

字一體의 민속글자를 만들어 내기도 했다. "나는 족함을 안다"라는 의미다. '唯吾知足유오지족'이라고 읽기도 하지만 의미는 동일하다. "족한 줄을 아는 자는 늘 즐겁다知足者常樂"라는 고대 중국인들의 현실 감사 정신을 쉽게 볼 수 있는 문화 현상이다.

행복도 비슷하지 않을까 싶다. 신선하고 색다른 행복의 조건들을 찾아가는 것, 대단히 중요하고 필요한 일이다. 어쩌면 우리 보통 사람들이 바라고 지향하는 꼭짓점일 것이다. 하지만 이미 가지고 있고 또 누리고 있는 것에서 감사할 줄을 알고, 그것을 통해 소소하게 느낄 수 있는 행복 부스러기들을 모아 갈 수 있다면, 그것이 더 크고 감동적인 복락福樂으로 승화되지 않을까 생각도 해 본다.

뒤로 미루는
나의 습관 이야기

오래 전, 중국에서 겪은 일이다. 북경의 왕부정王府井, 왕푸징은 한국의 명동과 같은 곳이다. 한 번은 그곳 대형서점에 책을 사러 갔었다. 값싸고 좋은 책들이 너무 많아 오줌이 마려운데도 참으면서 책을 골랐다. 한계가 될 때까지 오줌을 참다가 더 이상은 안 되겠다 생각되어 볼 일을 보고 와서 다시 보기로 했다. 그런데 화장실이 보이질 않았다. 직원에게 물으니 아래층으로 내려가라는 손짓을 했다. 3층에서 2층으로 내려갔더니, 그곳에서는 다시 1층으로 내려가라 했다. 1층 직원에게 물었더니 밖으로 나가 왼쪽으로 20미터쯤 가면 공중화장실이 있단다. "이런…! 시빌라이제이션civilization…!"

엉덩이를 빼고 어기적거리며 물어물어 찾아간 곳 화장실은 2층짜리 건물 2층에 있었다. 식은땀을 흘리며 겨우겨우 계단을 올라갔는데, 화장실 문 앞에 할아버지 한 분이 앉아 계셨다. 표를 달란다. 무슨 표? 화장실 입장권…. 표 대신 돈을 줬다. 막무가내로 1층으로 내려가서 반드시 표를 사 가지고 오란다. "이런…! 시빌라이제이션!" 반사적으로 욕이 나왔지만 어쩔 수 없었다. 1층으로 내려가서 지폐 한 장을 꺼내 창구에 넣어 주자 표와 거스름돈이 홱 날아 나왔다. 표는 우리 돈으로 20전이었다.

다시 올라가 볼일을 보는데 문제가 생겼다. 아무리 기다려도 오줌이 나오질 않았다. 너무 참았던 관계로 아랫배는 아려 오는데, 나와야 할 오줌이 나올 생각을 않는 것이다. 겨우 겨우 마음을 달래고 안정을 시켜 볼일은 봤지만, 배설의 통쾌함보다는 뒤끝 더러운 그 '우리한' 느낌…. 이 기억은 상당 기간 나를 불편케 했다. 이때 경험은 내게 대단히 중요한 구호 하나를 만들어 주었다. "중국에서 오줌은 미리 미리!"

'미리 미리!' 요즘은 내 구호가 아니라 아내의 구호가 되었다. 귀가 따갑도록 듣고 산다. 시간에 쫓겨 내가 무슨 일을 허겁지겁 하고 있을 때면 아내는 늘 지청구다. 좀 미리 미리

해 놓지 않고, 왜 늘 미루고 있다가 이러느냐고…. 아니, 아무 것도 하는 일 없이 미뤄 놓은 일이 아니다. 이것저것 열심히 사느라고, 우선순위에 따라 허덕이다가 어쩔 수 없이 뒤로 밀려 다급해진 것을 보고 아내는 전후 사정은 다 잘라먹고 그것만 놓고 '꾸중을 하신다'. 내가 허덕이며 사는 일상을 전혀 모르는 남이 그런 소리를 하면 설명이라도 해 주겠건만, 나를 가장 잘 아는 사람이 그러니 할 말이 없다. 그저 야속할 뿐이다.

천기누설 하나를 밝힌다면, 사실 난 좋지 못한 습관을 하나 가지고 있다. 미룰 수 있는 건 최대한 미루는 습관이다. 나쁜 습관이다. 언제 이렇게 되었는지는 모르지만, 이젠 어쩔 수 없는 삶의 한 방식이 되어 버린 것 같다. 이 때문에 손해 본 것도 많고, 실수를 한 것도 많지만 참 잘 안 고쳐지는 고질이다. 자식들이 따라 배울까 늘 걱정이지만, 이미 따라 배워서 실천을 하고 있으니, 남은 건 기도뿐이다. 스스로가 자신을 잘 깨닫고 좋은 습관을 가질 수 있기를 비는….

소설가 김훈 선생은 대단한 골초였단다. 그러던 그가 일거에 담배를 끊었단다. 어느 스님이 담배를 끊으라기에 오랜 습관이라 끊을 수가 없다고 했더니, 안 피면 끊을 수 있는 걸 계속 피니까 못 끊는 것 아니냐고 하시더란다. 그 말 한

마디에 '필'이 꽂혀 그날 이후로 담배를 끊었단다. 아마 김훈 선생 가족과 친구들은 그가 담배 끊은 것에 박수를 보냈을 것이다. 그러나 한편으로는 또 서운한 배신감도 들었을 것이다. 자기들이 그토록 담배 끊으라고 권면했을 때는 들은 체도 않던 그가 스님 말 한마디에 이렇게 단박에….

이쯤에서 느낀 것이 하나 있다. 역시 결심이나 변화는 때가 있는 것 같고, 또 존경받는 누군가의 존재와 역할이 참으로 중요하다는 사실 말이다. 또 외부 자극도 좋지만, 역시 자기 자신으로부터 답을 찾아낼 수 있는 능력과 용기가 어쩌면 더 중요하다는 사실도 아울러….

≪대학大學≫에서는 말한다. "마음이 없으면, 봐도 보이지 않고, 들어도 들리지 않고, 먹어도 그 맛을 모른다心不在焉, 視而不見, 聽而不聞, 食而不知其味"라고 했다. 무엇보다 마음가짐이 중요하다는 메시지다. 뒤로 미루는 오늘의 내 습관, 귀한 스님의 말씀이 아니더라도, 스스로 바꿔 보려는 마음을 가지고 변화를 시도해 보련다. 아내의 미소와 칭찬을 상상하면서….

연극
'출발'을 보고

내게 특별한 사진 한 장이 있다. 대학생 때 찍은 연극 공연 사진이다. 두상 앞부분에 머리칼이 하나도 없는 쉰 중반의 대머리 아저씨 모습이다. 당시 연출 선생님이 배역을 실감나게 한 번 살려 보자며 이마 위쪽의 생머리를 깎아 버리자고 했기 때문이다. 반드시 전국대학연극제 본선에 올라야 한다는 부담 때문에 생머리를 깎는 삭발도 망설임 없이 받아들일 수 있었다. 주위 사람들은 그런 나를 보고 열정이라 운운했지만, 유명 배우들의 일화를 보면 그들은 더 큰 효과를 위해 연출가의 강요가 없었음에도 스스로 생니를 뽑은 경우도 있었다고 하니, 이런 것에 비하면 새 발의 피이다.

당시 연출을 맡아 내 머리를 깎게 했던 분, 오늘 팔순을 바라보는 연세가 되었다. 흐르는 세월, 거부할 수가 없다는 증거 앞에 뭐라 할 말이 없다. 하지만 연극에 대한 선생의 열정은 세월도 나이도 문제가 되지 않는다는 것을 엊그제 또 한 번 확인할 수 있었다. 78세란 연세도 잊고, 극단현장의 40주년을 기념하는 공연 '출발'에 주인공으로 출연한 것이었다. 노익장老益壯이란 단어가 참 잘 어울리는 무대였고, '출발'이란 단어에 더 깊은 의미를 담아내 준 감동의 무대였다.

'출발'이란 작품을 소개하는 팜플렛 제목 앞에는 '시작의 끝, 끝의 시작'이란 문구가 붙어 있었다. 작품 속의 간이역 이름 역시 '시종역始終驛'이다. 출발역이기도 하고 종착역이기도 하다는 말이다. 역에 걸린 시계는 멈춰 있었다. 그래서 시간도 알 수 없다. 기차도 서지 않고 사람도 오지 않았다. 그랬기에 역은 또 영원한 '기다림'의 간이역이라는 역설이 가능할 수 있었다.

우리는 오늘도 영원한 시간 속의 한 '시각' 위에 서 있다. 지난 세월의 끝이기도 하고 앞으로 살아갈 세월의 시작이기도 한 '지금'이란 이 시각…. 쉼 없이 연결된 영존의 세월을 놓고 볼 때 송구영신*送舊迎新이란 말도 어쩌면 아무런 의미도

* 묵은 해를 보내고 새해를 맞이함.

없고, 새해 첫날의 일출도 따지고 보면 평범한 일출에 지나지 않는다. 그 속의 우리 또한 어제든 오늘이든 그저 '시종역'에서 기다림으로 살아가는 일상의 평범한 승객일 뿐이다. 하지만 한 단계를 마무리하고 또 다시 희망찬 출발이 가능하도록 해 주는 하루, 한 달, 한 해의 구분이 또한 고맙기도 하다. 그런 구분이 있어 다양한 계획을 세울 수도 있고, 반성하고 각오할 수도 있기 때문이다.

한 해를 넘기면 또 한 살이 보태진다. 설날 먹는 떡국 한 그릇이 어린애들에겐 축복이다. 성장을 말해 주기 때문이다. 더 건장해지고 생기가 넘치게 될 것이기 때문이다. 그러나 노년에게 떡국 한 그릇의 의미는 좀 다를 수 있다. 생기가 쇠해 간다는 것을 말해 주기 때문이다. 그럼에도 혹자는 떡국과 관계없이, 시계가 멈춰 선 '시종역'에서 청춘이란 추억과 열정으로 기다림 속의 희망을 일궈 가는 분들도 있으니, 삶의 귀함은 바로 여기에 있지 않나 싶다. 참으로 멋진 일이다.

무기력은 인생을 망치는 최고의 적이다. 특히 젊은이들에게는 더더욱 치명적이다. 너무 힘들 때는 쉬어 감이 필요하다. 삶이 너무 팍팍할 때, 실타래 꼬이듯 세상사가 너무 힘들게 나를 괴롭힐 땐, 잠시 휴식을 통한 힐링이 반드시 필요하다. 내일의 활력이 될 수 있도록 삶을 '빵빵'하게 충전해 줄

것이기 때문이다. 그러나 그 충전의 시간에서도 정신 줄을 완전히 놓아서는 곤란하다. 충전을 빙자한 힐링에 너무 오래 빠져 있으면 오히려 충전되어 있던 것까지 방전이 다 되어 버리고, 더 깊은 무기력으로 이어질 가능성이 크기 때문이다.

그래서 사무엘 울만은 '청춘'이란 시에서 "그대가 기개를 잃고 냉소와 비관에 덮이게 되면 스무 살이라도 늙은이가 되고, 기개를 가지고 희망의 파도를 잡고 있으면 그대는 여든 살이라도 청춘의 소유자가 될 것"이라는 요지로 노래했다. 그리고 "우리는 누구나 세월만으로 늙어 가는 것이 아니라, 이상을 잃어버릴 때 비로소 늙어 간다"라고도 했다.

당나라 왕발王勃은 '등왕각서滕王閣序'에서 "늙었지만 더욱 건장하니 어찌 백발 되었다고 사람 마음 바뀔 수 있겠는가? 궁핍하나 의지 더욱 견고하니 청운의 큰 뜻 무너질 리 없도다老當益壯, 寧移白首之心. 窮且益堅, 不墜「雲之志"라고 노래했다. '노익장'의 반대말은 '미로선쇠未老先衰'다. 늙기도 전에 먼저 쇠한다는 말이다. 청운의 뜻을 펼칠 문이 넓지 않아 답답한 시대지만, 우리 젊은이들이 반드시 피해야 할 말이요, 늙어 가고 있는 내가 경구警句로 삼아야 할 말이다. '선쇠先衰….'

돌부처 코 높이는 석수장이 손에 달렸다

이사를 준비 중이다. 15년간 정들었던 집을 팔고 옆 동으로 이사를 하게 되었다. 지금 살고 있는 집도 생활하는 데는 불편이 없지만 부모님을 모실 준비를 하려다 보니 공간적으로 불가피해서다. 단독도 생각해 보고 새 아파트도 고려해 보았지만 결국에는 지금 살고 있는 단지 내에서 동만 옮기는 것으로 결정했다. 아파트가 오래된 탓에 다른 곳보다 집값이 싸다는 점이 크게 작용했지만, 무엇보다 정든 곳에 대한 미련이 더 크게 작용했지 않았나 싶다.

언제나 그렇듯 이사 때는 늘 살림살이에 대한 지나친 세간 애착과 부질없는 욕심을 확인하게 된다. 쓸데도 없는 물건들을 얼마나 오랫동안 버리지도 못하고 불편하게 지내 왔는지…. 언젠가는 한 번쯤 소용되리라 싶어 소중하게 보관해 왔지만 10년이 넘도록 한 번도 손대지 않은 물건들이 구석구석을 차지하고 있고, 챙겨둘 때는 알았지만 있는 줄도 모르고 살아온 물건들이 부지기수다.

재활용 가능한 것만 리어카로 세 번을 실어 내도 별로 빠진 표시가 나지 않는다. 며칠 지난 후면 뭘 버렸는지도 생각나지 않을 것들…. 모두가 내 세간의 비곗덩어리요 군살이었던 셈이다. 그러나 이것들이 전혀 무의미하지는 않았을 것이다. 그동안 곁에 있어 준 것 자체만으로도 내게 큰 위안이 되기도 했을 것이다. 쓸모없이 버려진 묵정밭이라 할지라도 농부에게 빈털터리가 아니라고 위안을 주는 것처럼 말이다.

요 며칠 아내와 가장 많이 사용한 표현은 '버려' 두 글자였던 것 같다. 이삿짐은 조금만 길게 생각하면 버릴 것이 하나도 없기에, 절대 길게 생각하지 말고 과감하게 정리하기로 약속했기 때문이다. 서로 의견을 물어가며 대부분 용감하게 처리할 수 있었지만, 내가 제동을 건 것이 하나 있었으니 아동용·청소년용 도서들이다. 대부분 재활용 분리수거장에서 골라 온 것들이다. 지저분하고 공간도 많이 차지해서 처분 대상 1순위일 수도 있었지만 그러지 말자고 했다. 왜냐하면 내 나이와는 안 어울리는 책들이기는 하지만, 간혹 그 속에서 귀한 영감과 교훈을 얻는 것이 적지 않았고, 또 낡은 전집이어도 그 내용은 새 책과 다를 바 없기 때문이다.

와중에 '엉뚱이 소피의 못 말리는 패션'이라는 동화를 다시 한 번 읽게 되었다. 쉰 살이 넘어서도 여러 번 읽었던 책이다. 짧은 분량의 이 책은 아동용이지만 어쩌면 어른, 특히 부모나 교사를 위한 성인용 동화라 해도 좋을 것이다. 오늘날 우리 부모나 교사들이 가정과 학교 현장에서 어떻게 자녀와 제자들을 지도하고 인도해야 하는지 깊은 생각거리를 제공해 주고 큰 교훈을 주고 있기 때문이다.

책 속의 주인공 소피는 세상의 획일적 질서와는 달리 자기만의 독특한 사고와 방식으로 개성을 표현하는 데 용감한 꼬마다. 양말도 짝짝, 신발도 짝짝, 치마도 둘, 벨트도 둘…, 말하자면 이런 식이다. 학교 선생님으로부터 문제아로 낙인찍힌 소피는 전문의의 관찰을 강요받는다. 그러나 소피는 '용감하고, 총명하고, 독특하고, 창의력이 뛰어난' 아이로 판명되고, 심지어는 소피가 앞으로 새로운 유행을 만들어 나갈지도 모른다는 기사까지 신문에 실린다. 이로부터 주위에 큰 변화가 생기게 된다. 소피가 다니는 학교 선생님들은 물론이고 다른 학생들도 소피를 따라 다양한 패션으로 등교를 하게 된다. 그러자 이때부터 소피는 그들과 달리, 이전에 선생님이 자기에게 원했던 그런 평범한 복장으로 학교에 나타난다.

내용 중에, "교육이란 창의성을 맘껏 발휘할 수 있게 하는 것"이란 말이 나온다. 이는 소피 부모가 자기 딸을 정신 이상자처럼 취급하는 선생님께 쓴 편지 속의 한 대목이다. 일반적인 동화 내용과는 잘 안 어울리는 논문식 어투처럼 보인다. 아이들에게 들려주는 동화라기보다는 부모나 교사인 우리에게 던지는 따끔한 훈수처럼 교육 이론처럼 들린다. "무조건 남과 다르다는 것이 사회성에 문제가 되지 않는다면 창의력과 상상력은 존중되어야 한다"라는 작가의 메시지임에 틀림없다. "돌부처 코가 높게 될지 낮게 될지는 석수장이 손에 달렸다"라는 옛말이 겹쳐 들려온다.

준비된
승자의 모습

언젠가 '전국 고등학생 중국어 구연대회' 심사를 맡은 적이 있다. 전국에서 모인 실력자들의 경쟁 열기는 대단했다. 참가자 본인보다 함께 온 학부모와 지도 교사들의 관심이 더 뜨거운 것 같았다. 발표와 심사가 다 끝난 후, 심사위원장을 맡았던 내가 총평을 해야 했다. 마무리를 지으면서 나는 이런 말을 했다.

"다들 수고했지만, 대회이기 때문에 부득불 상의 순서가 정해지고, 혹자는 상을 못 받을 수도 있습니다. 상을 받는 학생에게는 축하를 보내 드리겠지만, 수상受賞하지 못한 학생이 있더라도 절대 실망하지 말기 바랍니다. 왜냐하면 인생은 오늘이 끝이 아니기 때문입니다. 오늘 심사위원으로 참여한 교수 중 두 사람은 30년 전 어느 '전국 대학생 중국어 웅변대회'에 같이 참가했던 사람입니다. 그중 한 사람은 큰 상을 받았고, 한 사람은 상을 받지 못했었습니다. 제가 못 받았던 사람입니다. 그런데 중요한 것은 큰 상을 받았던 그 분은 오늘 '심사위원' 이름표를 달고 있고, 상을 받지 못했던 저는 '심사위원장' 이름표를 달고 있습니다. 참고하시기 바랍니다."

우레 같은 박수가 강당 안에 울려 퍼졌다. 수상과 관계없이 모두에게 희망의 메시지가 되었을 것이기 때문이다. 사실 비밀이기는 하지만, 그날 '심사위원장'은 제일 먼 지역에서 올라온 교수에게 맡기는 것을 원칙으로 정해진 것이었기에 아무런 의미도 없었던 것이다. 그러나 뭐 이런 내용까지 참가자들에게 공개적으로 밝힐 필요는 없는 것 아닌가? 마치 특별한 능력과 덕망을 가진 '장長'이나 되는 듯, 목과 어깨에 힘을 주고 위엄 있는 걸음걸이로 단상에 올라 심사평을 했던 것이다.

물론, '기생오라비' 같은 가는 목소리와 '버벅'거리는 말투에 나를 존경의 눈으로 봐 주는 이는 하나도 없었지만, 한때 나의 '실패담'이 그날 상을 받지 못하고 의기소침해서 돌아갈 학생들에게는 다소 위로가 되지 않았을까 하는 마음으로 내 스스로를 위로해 본다. 좀 견강부회하기는 하지만, 어쨌든 한때의 '루저'가 영원한 것은 아니라는 나의 경험담과 그 희망적 메시지가 지금이라도 누군가에게 잘 전달되었으면 참으로 좋겠다.

돌이켜 보건대, 그날 가장 인상 깊은 학생은 대단한 표현력으로 대상을 거머쥔 학생도 아니요, 중국 어느 특정 지역의 사투리를 원어민 이상으로 잘 소화해 낸 참가자도 아니었다. 너무 긴장한 탓에, "따 지아 하오여러분 안녕하세요" 한 마디를 해 놓고는 더 이상 말을 잇지 못하다가 단상을 내려간 학생이다. 연습이 많이 부족했구나 생각하면서 최하 점수로 처리하고, 점심을 먹으러 가는데 그 학생이 길을 막았다. "교수님, 심사와는 상관없이 저의 발표 한 번만 더 들어 주세요." 이때 그 학생의 두 눈은 광채로 빛나고 있었고, 결심만 했다 하면 무슨 일이든 해낼 수 있겠다는 인상이었다. 그는 이미 입상入賞 이상의 큰 소득을 거머쥔 승자의 모습처럼 보였다.

대회는 자신의 실력을 자랑하고 검증받는 것으로도 큰 의미가 있지만, 대회를 통해서 많은 것을 느낄 수 있고, 또 자신의 결의를 다지게 해 주는 자극제가 될 수 있어 더없이 좋다. 그래서 나는 중국어 공부를 하는 제자들에게 곧잘 권한다. 웅변대회에 직접 참가는 못 하더라도, 참관이라도 많이 하라고….

어느 중문과 1학년 제자가 보낸 메일 내용이다. "교수님 말씀 듣고 어제 웅변대회 참관하고 왔어요. 제가 공부하고 있는 중국어가 그렇게 멋진 줄 몰랐어요. 저와 같은 1학년도 참가한 것을 보고 나는 무엇인가 싶었고 많이 부끄러웠어요. 그리고 피 나게 연습하리라 결심했어요." 몇 년 후, 이런 글을 보냈던 그 제자가 다른 메일 한 통을 보내 왔다. "교수님께서 추천서 잘 써 주셨지만 대학원 석사과정에 실패했어요. 그 뒤로 중국어 교사 임용고시를 준비했고, 마침내 합격해서 지금은 연수 대기 중이에요."

'지성감천至誠感天'. 지극한 정성이 하늘을 감동시킨다는 말이다. 믿는 사람도 있고 믿지 않는 사람도 있을 것이다. 역시 정해진 답은 없다. 그러나 분명한 사실 하나는, 그렇게 될 것이라 굳게 믿고 노력하는 사람에게는 하늘이 감동해 줄 확률이 훨씬 높을 것이라는 사실이다. 고금의 정한 이치가 아닐까 싶다.

사진의 가치

시간이 참 빠르다. 벌써 가을이다. 푸르던 나뭇잎들도 어느덧 단풍으로 곱게 물들어가고 있다. 영원할 것만 같았던 올 여름의 그 무더위도 벌써 옛날 일처럼 기억이 별로 나지 않는다. 흐르는 세월 앞에선 영원한 것이 없다더니, 하루하루 붉게 물들어 가는 교정을 내려다보고 있자니 오늘따라 그런 생각이 더 진하게 밀려온다.

여름 내내 터를 다지던 대학본부 뒤의 신축 건물은, 부지불식간에 키가 높이 솟아올랐다. 가마솥더위 속에서도 고생하신 분들의 땀을 먹고 자란 결과일 것이다. 얼마간의 시간이 지난 후면 멋지고 웅장한 건물로 위용을 뽐내게 될 것이다. 그런 뒤 하루하루가 지나고, 또 새롭게 바뀐 사람들이 여러 번 이 교정을 채웠다가 떠나게 되면, 도톰하게 시멘트로 칸을 쳐 놓았던 저 자갈밭 주차장을 기억하는 사람은 몇이나 될까?

특별한 건물도 없었고 기념할 만한 상징물도 없이 그저 휑하기만 하던 공터 주차장이었지만, 이젠 영원히 다시 볼 수가 없게 되었다는 생각을 하니 벌써 그 공터가 그리움으로 다가온다. 이렇게 센티멘털해질 날이 올 줄 알았더라면 주차장에서 사진이라도 몇 장 찍어 둘 걸…. 찰나의 순간일 뿐이지만 그래도 과거를 추억하기에는 사진만한 것이 없지 않을까 싶기에….

사진은 참 좋은 기술의 산물임에 틀림없다. 진짜의 모습을 그대로 보여 주기 때문이다. '사진寫眞'이라고 명명한 이유가 여기에 있다. 사진의 생명은 '사실寫實'에 있다. 그러기에 어떤 의도를 가지고 피사체에 가탁假託이 취해지면 그건 더 이상 '진眞'을 '사寫'한 것이 아니게 된다. 그런데 오늘날 우리는 사진을 사진답지 않게 하는 일을 너무 쉽게 하고 산다.

연전에 결혼 25주년을 기념하여 가족사진 한 장을 찍은 적이 있다. 그동안 부부로 살아온 날이 감사하고, 성장한 두 열매가 자랑스럽기도 해서…. 그런데 문제가 생겼다. 사진관

사장님이 특별히 좀 잘 해 주려는 호의에서 그랬는지 너무 손을 많이 댄 것이다. 내 이마의 주름은 인두로 다려 놓은 듯 매끈하고, 네 명이 웃고 있는 모습은 부자연스럽기 그지없다.

있는 것을 안 보이도록 찍는 것은 사진사의 지혜다. 거짓이 아니다. 그러나 보이는 것을 없애거나 다르게 고치는 것은 '진眞'이 아니다. 사진은 거짓말을 하지 말아야 하는데, 지나치게 거짓말을 하고 있으니 걸어 놓을 수도 버릴 수도 없는 기념사진이 되고 말았다. 학생들 출석부에 첨부된 증명사진을 볼 때도 비슷한 생각이 들 때가 많다.

예쁘게 보이려는 심리는 누구나 비슷할 것이다. 그러나 지나친 외모지상주의가 건전해야 할 정신세계까지 피폐하게 만들어놓게 된다면 그건 문제가 아닐 수 없다. 취업 준비생들이 이력서에 붙일 증명사진 한 장을 준비하는데도 적잖은 스트레스를 받고 있단다. 외모도 스펙이라는 사회인식 때문에….

최근 일본에서는 마스크 미팅 이벤트가 인기몰이를 하고 있다는 보도를 본 적이 있다. 얼굴보다는 아름다운 생각과 따뜻한 내면을 보고 결혼 상대를 정할 수 있도록 한 기획이란다. 성공률도 높아 미팅 직후 성사된 커플이 33%, 미팅 3

일 후 성사된 커플이 76.5%였단다. 외모보다는 상대의 가치관과 인성에 더 큰 의미를 둔 결과였을 것이다.

언젠가 우리나라 어느 한 단체에서는 구직자들의 증명사진을 무료로 찍어 주면서 뒷모습 증명사진도 함께 찍어 주는 활동을 벌인 바 있다. "뒷모습 증명사진을 통해 앞모습과 대비돼 보이지 않았던 숨겨진 재능과 열정 등 증명사진 이면의 이야기들을 담아내고자" 진행한 프로젝트였다고 한다. 기획자의 의도가 큰 의미로 다가온다.

눈을 왕눈이처럼 뻥튀기하는 것도 좋고, 턱을 갸름하게 '뽀샵'하는 것도 좋을 수 있지만, 그럴수록 내면의 자존감은 낮아지고, 그럴수록 건강해야 할 정신은 힘을 잃어 가지 않을까 싶다. 갸름하게 보이려고 입을 뾰족하게 해서 찍은 딸내미의 '셀카' 사진도 귀엽고 예쁘지만, 이보다는 통실하지만 활짝 웃는 딸의 자연스런 모습을 더 많이 보고 싶다. 이 좋은 가을에 특히 더….

선입견과 실수

같은 아파트에 귀여운 딸을 가진 젊은 부부가 살고 있다. 내가 이사 온 지 2년이 지났지만 반갑게 목례 정도나 나눌 뿐 그분 가족에 대해 아는 것이 하나도 없었다. 하루는 귀갓길에 그들 가족을 만났다. 너무 무심한 할아버지라 할까 봐 꼬마에게 관심을 보이기로 했다. 그래서 편하게 "유치원 다니는 것 재미있어?"라고 물었는데, 돌아온 대답은 내 얼굴을 홍당무로 만들어 놓고 말았다. "초등학교 다니는데요." 갑자기 하늘이 노래졌다. 어떻게 수습을 해야 할지 난감했다. 그래서 얼른 미안하다고 사과를 하고 재빠르게 말머리를 돌렸다. "요즘 바이올린 선생님이 오시는 것 같던데, 바이올린 배우는 건 재미있어?" 돌아온 대답이다. "우리 엄마가 배우는데요."

이런 것을 선입견의 오류라 하는 것인가? 그날 이후로 나는 꼬마에게 미소와 함께 "안녕?"이란 인사말만으로 관심을 보이며 살아가고 있다. 잘 모르면서 아는 척 하다가 큰 코를 다치고 난 후에 만들어진 내 행동 양식이다. 언젠가 누군가의 글에서 "신이 인간에게 내린 가장 잔인한 형벌은 '판단'이다"라는 글을 읽은 적이 있다. 어느 정도 공감은 됐지만 '가장 잔인한 형벌'이란 표현까지는 좀 지나친 것 아닌가 싶었다. 그런데 꼬마와의 일을 통해 '판단의 죄'가 얼마나 '잔인'할 수 있으며, 선입견이 얼마나 잘못된 결론을 내릴 가능성이 큰지를 피부로 실감하게 되었다.

공자님도 비슷한 경험을 한 적이 있었던 모양이다. 공자가 이레를 굶었을 때 제자 안연이 어렵게 쌀을 구해 밥을 지어 바치게 되었단다. 밥 짓는 냄새가 진동을 하자, 공자가 궁금해서 부엌을 들여다보았는데 안연이 밥을 지어 오다가 밥에 먼저 손을 대는 것을 목도하게 된 것이다. 예의가 아니라 생각한 공자는 안연에게 교육을 시킬 목적으로, 모른 체하고 밥상을 받은 후 손대지 아니한 깨끗한 밥으로 조상에게 제사를 지내야겠다며 절을 올리려 했다. 이때 안연이 급히 스승 앞으로 나아가 막으면서, 깨끗한 밥도 아니고 자신이 먼저 손을 댄 것이라고 고백을 했다. 밥을 지어 올 때 재가 바람에 날려 밥 위에 떨어졌고, 그 재를 걷어 내려는데 밥풀이 손가락에 붙어 그것을 떼어 먹었다는 고백이었다. 이 모습을 본 공자는 제자 안연이 먼저 밥에 손을 댔던 것으로 판단했던 것이다.

그래서 공자님은 ≪여씨춘추呂氏春秋≫에서 말한다. "믿을 수 있는 건 눈이지만 눈도 믿을 수가 없구나. 믿을 수 있는 건 마음이지만 마음도 믿을 수가 없구나. 제자들아 기억하라, 사람을 안다는 건 참으로 쉬운 일이 아님을所信者目也, 而目猶不可信. 所恃者心也, 而心猶不足恃. 弟子記之, 知人固不易矣." 성현도 이런 판단의 죄, 선입견의 우를 범하며 살았는데, 하물며 나 같은 범부에 있어서랴? 실수투성이인 내가 공자님의 일화와 가르침에서 큰 위로를 받으면서도, 한편으론 또 실수가 많지 않도록 노력해야겠다는 결심을 하게 된다.

'겨 묻은 개' 이야기 하나 하련다. 내 아내도 판단의 죄에 빠질 수 있는 심각한 선입견 하나를 가지고 있다. 혈액형과 성격 특징에 대한 확고한 믿음이다. 모든 문제를 혈액형에 근거해서 해석하려는 습관이 좀 지나친 편이다. 이 때문에 다툰 적이 한두 번이 아니다. 아내의 의식을 완전히 장악하고 있는 그 통계적 혈액형 '이론'은, 물론 의학·과학적으로 맞는 부분도 있을 것이지만, 혈액형에 따른 성격 유형이 마치 모든 사람들에게 그리고 절대적으로 적용되는 것처럼 기계적으로 끼어 맞추려 할 때는 정말 속수무책이다.

세상에는 선입견에 빠져 우를 범하기 쉬운 비과학적인 얘기들이 부지기수다. 특정 지역 출신이나 성씨에 관한 속설, 신체 부위의 특징에 대한 온갖 속설들은 판단의 죄를 짓는데 큰 영향을 주는 사례가 되기도 한다. 모범생인 학생이 자기 아버지가 교도소에 계신다고 말하면 선생님이 어떤 '업무'를 담당하느냐고 묻고, 문제아인 학생이 아버지가 교도소에 계신다고 말하면 언제부터 '복역' 중이냐고 묻기 쉬운 것도 선입견에 따른 결과다. 내 자신을 포함하여 주위에서 확인할 수 있는 이런 현상들, 한둘이 아님에 틀림없다.

어쩌다 이순耳順까지 넘겨 버린 지금의 내 나이…. 뭐든 성숙하게 생각하고 판단해야 할 나이임에 확실하다. 그러니 이제 환갑 이후의 삶에서는 사고의 폭도 좀 크게 넓히고, 내 주장의 강도도 좀 더 유연하게 해서 판단의 죄, 선입견의 우를 범할 확률로부터 크게 멀어질 수 있었으면 좋겠다. 그렇게 노력해야 할 내 나이이다.

우화寓話와 교훈

어느 유치원 원장과 이야기를 나눌 기회가 있었다. 말씀 중에 요즘 유치원생들은 정신연령이 상상을 초월할 정도로 높아서 깜짝깜짝 놀랄 만한 일들이 일상이라고 했다. 한 번은 교훈이 될 만한 우화 하나를 구연동화로 들려줬더니, 이야기를 다 듣고 난 다음, 한 아이가 "재미는 있는데 참 황당하네요"라고 하더란다. '재미'와 '황당'이라는 단어를 적절하게 연결시켜 자기 느낌을 전하는 품새가 정말 보통이 아니라는 생각이 들었다. 이와 비슷비슷한 현상들은 비범한 몇몇 아이들에게만 국한되는 것이 아니라, 보편적인 학생들에게서도 두루두루 느끼는 특징이라 했다.

우화는 동식물이나 사물을 인격화하여 그들의 언행을 통해 풍자와 교훈을 전달하기 위한 글쓰기의 일종이다. 그 어린 유치원생의 표현처럼, 우화에는 재미는 있지만 참으로 황당한 이야기들이 많은 게 사실이다. 현실적으로는 전혀 불가능할 뿐만 아니라 생각지도 못할 터무니없고 어이없는 그런 이야기들…. 그러나 짧고도 쉬운 소재들에 담긴 풍자와 교훈의 힘은 대단히 강력하다. 그래서 우화는 아직 세상을 잘 모르는 어린 애들에게보다는 삶의 이치와 사회적 속성을 잘 아는 어른들에게 더 큰 울림이 될 때가 많다.

엊그제 다시 보게 된 우화 하나도 오늘의 내게 많은 생각거리를 준 '황당한' 이야기에 속한다. 우화의 주인공은 소와 사자다. 둘은 어쩌다 눈이 맞아 서로 결혼을 했단다. 사랑으로 만났기에 소는 자기가 먹어 본 풀 중에 가장 맛있었던 풀을 준비해서 사자에게 바쳤고, 사자는 자신이 먹어 본 고기 중에 가장 맛난 고기를 소에게 바쳤더란다. 그런데 어느 날 둘은 상대방에 대한 불만으로 이혼을 하게 됐는데, 헤어질 때 서로 똑같은 원망과 아쉬움의 말을 털어놓았단다. "내가 할 수 있는 최선을 다해 줬는데… 그런 것도 몰라주고…."

다름 아닌 약방의 감초처럼 사용되는 '역지사지易地思之'의 세상 이치를 쉽고 재미있게 풀어낸 우화다. 진정한 배려의 의

易地思之

미와 방법을 생각하게 해 주는 교훈이 담긴 이야기다. 바로 우화 속 둘의 '최선'은 아무 쓸모도 없는 그야말로 무의미한 '최선'이었던 것이다. 상대에게 뭐가 필요한 건지는 전혀 고려하지 않고 그저 자기 방식대로 사랑을 표현함으로써 생긴 예견된 결과였던 것이다. 살다 보면 세상엔 이런 일이 비일비재하다. 입장을 바꿔 놓고 생각하면 바로 답이 나오는데, 어찌 그렇게 단순한 이치도 모르냐고 우리는 쉽게 얘기하곤 한다.

그러나 생각이 짧아서 역지사지가 안 되는 경우도 있지만, 때로는 이해利害관계에 걸려서, 혹은 감히 그러고 싶지 않아서, 역지사지를 안 하거나 배려하지 않는 경우도 있다. 생존이 걸린 삶의 현장에서는 후자에 해당되는 경우가 더 많지 않을까 싶다. 그러나 생존과는 크게 상관없이 체면이나 권위 때문에 역지사지가 안 되는 경우라면 좀 의식적으로라도 상대방을 배려해 줄 줄 아는 우리가 되었으면 참 좋겠다.

강의 때마다 확인되는 일이 하나 있다. 좌석이 뒤쪽부터 채워지는 현상이다. 학생을 대상으로 한 강의 때도 그렇고, 교사를 대상으로 한 강의 때도 역시 별반 다르지 않다. 학생들에게는 늘 앞에 앉으라고 종용하시던 선생님들도 피교육자가 되면 거의 대부분이 뒤쪽에 앉으려 한다.

언젠가 한 번은 40명 정도의 교장 선생님을 대상으로 한 연수에 강사로 참여한 적이 있다. 그런데 인원에 어울리지 않게 좌석이 200석 정도 되는 강당에서 하게 되었는데, 전부 맨 뒤쪽 두세 줄 좌석에 앉으셨다. 대표를 맡으신 교장 선생님이 마이크를 들고 역지사지하자며 앞쪽으로 와서 좀 앉아 달라고 부탁했지만 아무도 따라주지 않았다. 그렇게 말한 대표자도 결국은 뒤쪽 좌석으로 가서 앉았다. 나는 그날 객석 중간쯤 가서 강의를 했다. 아는 것과 행하는 것이 이처럼 어렵다는 걸 확인하는 자리였다. 부끄럽지만 나 역시 그렇게 살아왔음을 부정하지 못한다.

'언전신교言傳身敎'라는 말이 있다. 말로 전하고 몸으로 가르친다는 뜻이다. 지식이나 지혜는 말로 전해야 하지만, 진정한 가르침은 행동으로 보여 줘야 한다는 걸 강조하는 말이다. 5월에는 어버이날과 스승의 날이 있다. 부모님과 스승님께 감사의 카네이션을 달아 드릴 때는 잘 몰랐는데, 언제부턴가 자녀나 제자들에게 꽃을 받을 때마다 마음이 편치 않음을 느끼게 되었다. 나이를 먹을수록 5월이 부담스러워지는 이유다. 그렇다고 부모와 스승이란 임명장을 반납할 수도 없고…. 그저 단단히 다짐하는 수밖에 없다. 역지사지의 가르침을 더 진지하게 생각하며 살아가리라는 다짐 말이다.

우리는
무엇에
감동하는가?

우리 부모님이 좋아하시는 예술단이 하나 있다. 품바로 분장하고 예술 활동을 하는 왜소증 가족 공연단이다. TV를 통해서도 수차례 소개된 바 있는 그들은 축제가 열리는 곳이면 어디든 찾아다닌다. 내가 살고 있는 우리 진주에도 큰 행사가 있을 때면 매번 찾아와 자그마한 공터에 천막을 치고 판을 벌이곤 했다. 노래나 묘기도 대단하지만 특히 자신의 신체적 장애를 소재로 삼아 정상적인 사람들을 '희롱'하고 얼리는 재치와 순발력은 타의 추종을 불허한다.

품바에게나 용서될 수 있는 질펀한 재담이나 욕설도 왜소증이란 신체적 '결함'을 가졌기에 더욱 빛이 난다. 123센티의 왜소증 어르신이 건장한 관객 앞에 가서 어찌 그리 '좀'만하냐고 너스레를 떨 때면 목석같던 사람들도 폭소를 참지 못한다. 불편한 장애를 가졌지만 자신의 운명을 있는 그대로 받아들이고 단점을 장점으로 바꿔 최선으로 살아가는 아름다운 사람들, 그런 삶과 용기 앞에서 정상적인 신체에 평범한 삶을 사는 자들이 오히려 더 큰 위로를 받곤 한다.

자칭 '못난이'라 하지만, 사실 그들이 인간 승리의 주인공들이다. 세속적 기준과 상식을 깨고 자기 나름의 행복을 만들어 가는 편견의 파괴자들이다. 자존감 없이는, 아니, 살고자 하는 강한 의지 없이는 불가능한 희망의 증인들이다. 물론 우리는 안다. 그들이 오늘을 위해 무대 뒤에서 얼마나 많은 땀과 눈물을 흘렸을 것인지를…. 그분들 앞에서 우리가 큰 감동을 받고 뜨거운 박수를 보내는 이유도 바로 여기에 있다. 노래 실력이 좀 부족하면 어떤가. 묘기와 재담에 실수가 좀 있으면 어떤가. 무대에 나선 것만으로도 대단한 의미요 삶의 기쁨인 것을….

사람은 보통 자기 단점이 드러나는 걸 두려워한다. 약점을 감추려 애쓴다. 이런 가식의 노력이 심화될수록 자존감은 더 부정적으로 발전하고 바닥을 치게 된다. 뭔가를 자꾸 숨기려다 보면 자신감은 떨어지고 만다. 솔직하게 있는 그대로를 보여 주는 사람들은 대개 자신감이 충만하다. 그런 사람들에겐 믿음이 간다. 솔직하면 잃을 것이 많을 듯하지만, 오히려 더 큰 걸 얻게 되는 사례들이 많다. 자기 단점을 인정하고 오히려 그걸 유희의 소재로 활용할 땐 자존의 근육은 더 단단해지고 인품의 빛은 더 환하게 빛이 난다.

뚱뚱하다는 말에 발끈하는 사람이 있다. 평소 뚱보가 아닌 것처럼 보이려고 애를 쓰던 사람이 주로 그런 경우가 많다. 혹 누군가가 그 '극비'를 간파해 버렸을 때 그는 충격을 받아 활력을 잃고 만다. 반면 자존감이 높은 뚱보는 제아무리 뚱보라 놀려도 '쿨'하다. 몸이 허약해서 보약을 좀 더 먹어야겠다고 농담까지 한다. 심리적 안정과 여유는 이런 솔직함과 당당함에서 비롯된다. 포장을 하면 모든 것이 감춰질 것 같지만 사람들은 먼저 느낌으로 알아 버린다. 감동의 차이는 바로 이런 사소한 것들에서 결정된다.

인간은 다른 누군가가 망가지는 모습을 바라보면서, 또는 부족한 점을 확인하면서 뭔가 쾌감을 느끼고 우쭐해 하는 못된 본성을 가지고 있는 것 같다. 그런데 어떤 사람들은 이런 인간의 심리를 역으로 이용해서 상대방을 기쁘게 해 주기도 하는데, 방송인 김제동 씨가 그런 부류 중의 대표적인 인물이 아닐까 싶다. 그는 눈이 작고 못 생겼다고 스스로 까발리고 더 크게 강조한다. 남이 모르는 숨겨진 단점까지, 심지어 엄마에게 들었던 충격적인 '디스' 발언까지 툭툭 던진다. 우리는 그런 김제동에게 열광한다. 그는 남의 못남을 은근히 즐기는 인간의 못된 본성을 적절히 활용할 줄 아는 영악한 연예인이다. 그는 자신의 못남과 솔직함을 무기로 삼아 대단한 인기를 만들어 내는 귀재 중의 으뜸이다.

"솔직함은 겸손이고 두려움 없는 용기다." "잘못으로 부서진 것을 솔직함으로 재건한다면 그 어떤 폭풍에도 견딜 수 있는 강인한 것이 되리라." "가장 여유로운 사람이 자신의 모습을 볼 수 있고, 자신을 아는 사람만이 자신을 드러낼 수 있다." 테클라 메를로 수녀님의 속삭임이다. 아름다운 삶의 지혜가 아닐 수 없다. 정신적 빈곤을 넘어선 평범한 행복이란 어디에 존재하는가? 곧 포장보다는 솔직함에 있다는 수녀님의 속삭임이 귀한 가르침으로 다가온다.

나는 오늘 하루도 누군가에게 더 멋지게 보이고, 더 가진 것처럼 보이려고 화려한 포장에만 신경 쓰질 않았는지 가만히 생각해 보니 그저 부끄럽다는 생각만 든다. 순간순간을 좀 더 솔직하게 살고자 노력해야겠다는 각오를 하면서, 또 한 번 자존감의 중요성을 떠올려 본다.

할머니의
비손

이런 이야기를 들은 적이 있다. 노후에 손주를 떠맡아 고생을 하고 싶지 않다면, 이런 방법을 쓰면 간단하게 해결될 수가 있단다. 계획적으로 애 부모 보는 앞에서 밥을 대신 씹어서 먹이고, 콧물을 닦아 줄 때 걸레로 입까지 닦아 주고, 사투리와 화투를 애한테 가르치면 간단하게 해결된다는 이야기였다.

우스갯소리 같지만 현실적인 이야기일 수도 있다. 자식을 사랑하는 현대 부모들이라면 질색할 일이기 때문이다. 그 누구도 이런 할머니에게 자식을 맡기려고 하지 않을 것임에 틀림없다. 그럼에도 나는 우리 할머니 밑에서 그렇게 자랐고,

그럼에도 우리 부모님은 그런 할머니에게 나를 맡기고 밭일을 나가셨다. 어렵게 살던 옛날이야기요, 시골 '깡'촌의 빛바랜 추억의 한 장면이다. 나는 그렇게 컸다.

엊그제는 부모님이 계시는 고향의 방을 정리해 드리다가 할머니 사진 한 장을 발견했다. 돌아가실 무렵의 사진인 듯했다. 아버지는 사진을 보자마자, "아이고, 우리 어매…" 한참을 울먹이시다 "꿈에라도 한 번 볼 수 있었으면 얼마나 좋을까…"라며 말을 잇지 못했다. 실은 아버지보다 내가 더 보고 싶은 할머니다. 어릴 때 잠자리도 함께 하고 밥도 함께 먹으면서 늘 할아버지, 할머니와 함께했던 기억이 더 많다. 그럼에도 나는 할머니가 돌아가실 때 장례식에도 참석하지 못했다. 그저 외국에서 눈물만 흘렸을 뿐이다. 할머니께 미안하고 할머니가 더 그리운 이유다.

할머니의 주특기는 비손*이었다. 초등학교 때 별것 아닌 임명장 하나만 들고 와도, 운동회 때 모두에게 나눠 주는 노트 한 권만 받아 와도 할머니는 늘 윗목 조상단지 앞에 바쳐 놓고 비손으로 치성을 드렸다. "우리 손주가 이번에 이렇게 큰 상을 받아 왔습니다. 어쩌든가 커서도 천사람 만사람 앞에 박수 받는 사람 되게 도와주시고, 어쩌든가… 어쩌든

* 간소한 상을 차려 놓고 두 손을 비비면서 기원하는 가장 간단한 무속 의례.

가….” 중얼거리시던 할머니의 기도 내용은 다 기억할 수 없지만 어쨌거나 그런 할머니의 비손과 기도 속에서 성장했다. 오늘 내가 이룬 뭔가 자그마한 결실이라도 있다면 그건 다 할머니의 비손 덕분이요 할머니의 기도발 결과라고 굳게 믿고 싶다.

돌아보건대, 나는 언제나 자존감 하나만큼은 '만땅'인 상태로 살아온 것 같다. 물론 지금도 그렇거니와 오랫동안 변변찮은 밥벌이가 없어 힘들어하던 그 순간순간에도 비슷했지 싶다. 그 중심에 늘 할머니가 계셨다. 전문가의 말에 따르면 자존감은 스스로가 만들어 가는 자기존중에 대한 확고한 믿음이요, 그 믿음은 가까운 사람들로부터 받는 신뢰와 칭찬, 축복기도 등으로 단단해지는 경우가 많다고 했다. 그렇다면 내 경우엔 부모님은 물론이고, 특히 할머니로부터 받은 영향이 자연스럽게 자존감의 근육을 더 단단하게 해 주었을 것임에 틀림없다.

능력의 유무와는 크게 상관없이 난 언제나 신명나게 살아왔고, 새로운 도전에도 별 망설임 없이 몸을 던질 수가 있었던 것 같다. 무학無學의 할머니로부터 받고 자란 기도의 힘이다. 역시 무학이신 부모님이 쏟아 주신 칭찬과 변함없는 믿음의 결과다. 더 이전에는 잘 몰랐지만 자식을 낳아 길러 보고 녀석들의 대학 입시를 겪어 보고 나서야 좀 더 깊이 있게 알게 되었다. 오늘의 내가 있기까지 얼마나 많은 부모님과 식구들의 기도가 있었고, 정성이 있었고 또 간절함이 있었는지를…. 부모와 가족들의 이런 보편적 사랑을 눈으로 확인하게 되는 날의 최절정은 '수능' 시험을 치는 날이 아닌가 싶다.

수능 시험은 수험생들이 일 년 동안 갈고 닦은 실력을 추수하는 날이다. 수능이라 하니, 집과 학교·학원만을 오가며 전전긍긍하던 학생들의 모습이 먼저 떠오르기도 하지만, 역시나 두 손 모아 기도하실 부모님들의 모습이 더 먼저 떠오른다. 노랗게 뜬 수험생의 얼굴보다는 까치발을 하고 노심초사 뒷바라지해 왔을 식구들의 모습이 먼저 떠오른다.

그래서 중국의 맹교孟郊는 '유자음遊子吟'이란 시에서 이렇게 노래했다. "그 누가 말했던가? 한 치의 풀잎 같은 마음으로 어머니의 봄볕 같은 은혜를 갚을 수 있겠느냐?誰言寸草心, 報得三春暉"라고. 자식이 건강만 해도 우리 부모들은 고맙게 생각한다. 수험생들에게 시험 성적도 중요하지만, 무엇보다 건강이 더 중요한 것이니, 건강 때문에 부모에게 걱정을 끼치는 일은 없었으면 좋겠다. 시험 결과에 관계없이….

"다 지나간다"

엊그제 설날 떡국을 먹으며 잊지 못할 추억 하나가 떠올랐다. 나는 어려서 떡국 속의 두부를 싫어했다. 아무런 맛도 없는 그 심심한 식감 때문에 그랬던 것 같다. 그래서 엄마는 늘 떡국을 뜰 때 내 그릇에는 두부를 뜨지 않으셨다. 그러던 중 좀 난처한 일이 생겼다. 외갓집에 세배를 갔는데 외할머니가 큰 놋대접에 두부가 가득한 떡국을 한 그릇 떠 주셨다. 하늘이 무너지는 것만 같았다. 어린 나이에 수줍어 감히 말은 못하고 꾸역꾸역 먹을 수밖에 없었다. 와중에 잔꾀를 하나 생각해 냈다. 뒷맛을 행복하게 하기 위해 먹기 싫은 두부를 먼저 다 먹어버리고, 맛난 떡으로 끝마무리를 행복하게 하겠다는…. 다름 아닌 '고진감래苦盡甘來'의 이치를 적용한

'잔머리'였다.

그런데 하늘이 두 번째로 무너졌다. 두부를 허겁지겁 다 먹어 갈 즈음, 가만히 보고 계시던 외할머니가 "우리 손주가 두부를 참 좋아하는 모양이구나. 그래 많이 먹어라." 그러면서 먹어 버린 양보다 더 많은 두부를 듬뿍 떠 주셨다. 지금까지 기억되는 대목은 여기까지다. 그 뒤의 상황은 어떻게 되었는지 잘 기억나지 않는다. 고진감래…. 참 좋은 말이다. 희망적인 메시지다. 그러나 반드시 그런 것만은 아닌 것 같다. 유치하고 견강부회하긴 하지만, 어릴 적 내가 겪은 이 떡국 사건이 이를 뒷받침해 준다.

그럼에도 나는 늘 고진감래의 이치를 좋아했다. 책이나 선생님의 이야기 속에서 그런 사례들을 접할 때면 언제나 감정이입을 통해 대리만족을 할 수 있었고, 그런 정신을 노래한 시나 시조가 있으면 특히 좋아했다. 그중에 하나가 푸시킨의 '삶'이란 시였다. "생활이 그대를 속일지라도 슬퍼하거나 노하지 말라, 설움의 날 참고 견디면 머지않아 기쁨이 오리니, 현재는 언제나 슬프고 마음은 미래에 사는 것. 모든 것은 순간이고 지나간 것은 항상 그리워지느니라." 어린 나이에 겪은 떡국 사건은 고진감래의 세상 이치를 반박할 수 있는 이론적 근거가 되어 주었지만, 환갑을 넘긴 오늘 가만히 지난

날들을 돌아볼 때면, '모든 건 순간이고, 지나간 건 항상 그리워진다'는 푸시킨의 말이 어찌 이렇게도 절절하게 다가오는지….

실제로 삶이 그런 것 같다. 어려움 없이 사는 인생은 별로 없는 것 같다. 대부분이 크고 작은 시련을 겪으며 살아가고, 때로는 감내하기 힘든 역경에 죽을 각오로 전사戰士처럼 살아가기도 한다. 큰일을 당했다 싶을 땐 누구나 억장億丈이 무너지는 듯한 느낌에 오만가지 생각이 들기도 한다. 그러나 시간은 흘러가고, 세월이 지난 후면 그 고통은 그저 아련한 추억이 되고 만다. 아니, 때로는 그리움이 되기도 한다. 그래서 세월이 약이라 한 것인지도 모른다. 분명 모든 건 순간이다. 그리고 다 지나간다. 그래서 힘들 때도, 세상의 끝이다 싶을 때도, 기도처럼 자기 최면을 걸 필요가 있다. 김윤아 노래처럼…. "괴로운 순간들이면 나도 모르게 기도처럼 읊조리며 나를 다독인다. 다 지나간다, 다 잊혀진다. 상처는 아물어 언젠가는 꽃으로 피어난다. 다 지나간다, 모두 지워진다."

삶의 현장에는 모순 덩어리가 너무 많다. 그 모순 속에서도 우리는 끝까지 '살아 내고' 또 행복했으면 좋겠다. 방법은 스스로가 행복할 수 있는 지혜를 애써 찾아 실천해 가는 일이다. 장수하신 어느 어르신께 장수의 비결을 물었단다. 살면서 미운 사람들도 많았을 텐데 어찌 큰 스트레스 안 받고 행복하게 살아올 수 있었냐고. 대답은 간단했다. "그냥 냅뒀어. 그랬더니 다 알아서 죽던데 뭘."

어르신의 대답은 삶의 철학이 묻어 있는 대답이다. 그러나 이 할아버지가 살아오신 삶의 태도나 방법에 대해서는 시시비비가 엇갈릴 수 있는 대답이기도 하다. 왜냐면 살다 보면 그냥 냅둬서는 안 될 일이 많기 때문이다. 내 뜻대로 하고 싶은 일이 많기 때문이다. 그래서 우리는 냅둬서는 안 될 일에, 내 뜻대로 하고 싶은 일에 목숨을 걸기도 한다. 그러나 아무리 목숨을 걸어도 내 뜻대로 안 되는 경우가 많다. 이럴 때 필요한 게 자기 위로다. 화병으로 쓰러지기보다는 다시 일어설 수 있도록 용기가 되어 주는 자기 격려의 말이다. "다 지나간다"라는….

조심,
조심,
말조심

우리는 모두 이름을 가지고 산다. 자기 이름이지만 자신이 직접 지은 경우는 드물다. 대부분 부모를 포함한 가족이나 지인, 작명가 등이 지어 주기 때문이다. 물론 개명을 하는 경우엔 상황이 좀 다를 수도 있다. 스스로 이름을 지을 수 있기에…. 어쨌든 이름은 부르기 편하면 그만이고 함의까지 좋으면 금상첨화다. 이름을 가지고 살아간다는 점에서 우린 모두 '유명인有名人'이다. 물론 간혹 '무명씨無名氏'란 표현을 접할 때도 있지만…. 사람이 많으니 이름도 다양할 수밖에 없다. 그래서 이름에 대한 인상이나 느낌도 다양하다. 자기 이름이든 남의 이름이든….

얼마 전 도움을 받았던 한 여성이 있었다. 김미향이란 분이었다. 혹시 한자로 아름다울 '미', 향기 '향', 이렇게 쓰지 않느냐고 물었더니 그렇다고 했다. 아름다운 향기…, 정말 고운 이름이라고 나의 느낌을 말해 드렸다. 그런데 좋아하실 줄 알았는데, 정작 그분의 반응은 생각 밖이었다. 잠시 뜸을 들이다가 조심스레 입을 열었다. "한때 저는 제 이름 때문에 오랫동안 괴로움 속에서 엄청 힘들게 살았답니다." 그녀의 얘기는 내게 충격적이었다.

고등학교 첫 수업 시간에 어느 과목 선생님이 출석을 부르다가 자기 이름을 불러 놓고 얼굴을 빤히 쳐다보며, "이 반에도 기생이 한 명 있구나"라고 했다는 거였다. 잠시 귀를 의심하지 않을 수 없었다. '기생'이라니…, 어찌 이럴 수가…. 이 말을 듣고 나서 제법 긴 시간이 지났음에도 나의 모든 감각기관은 한동안 기능을 멈춰 버린 것만 같았다. 벼락을 맞은 듯한 멍한 상태로 그 어떤 말도, 그 어떤 반응도 보일 수가 없었다. 그저 나도 모르게 얼른 그분 앞에 무릎을 꿇고 싶은 심정뿐이었다. 밑도 끝도 없이 그 교사를 대신해서 용서를 빌고 싶었다. 어찌? 어찌, 선생님이라는 분이….

감정적으로 예민한 사춘기에 선생님께 들은 이 말 한마디는 그때부터 뽑을 수 없는 가슴의 못이 되었고, 부끄러운 이름을 가졌다는 생각에 자존감을 가지고 살기가 힘들었다고 했다. 다행히 쉰 살이 가까워진 오늘에 와서야 겨우 이런저런 자존감 공부를 통해 치유가 되고 있고, 아름다운 뜻을 가진 자신의 이름을 사랑한다고 했다. 사실, 그분은 이름도 아름다웠지만 얼굴은 더 아름다운 여성이었다. "이름이 그리 부끄러웠다면 개명을 해 보지 왜 그러지 않았느냐?"라고 했더니 아버지가 주신 이름을 마음대로 바꾸고 싶은 용기도 나지 않았다고 했다.

갑자기 궁금증이 생겼다. 한 인생에 이런 고통을 안겨 준 그 선생님은 어디서 무엇을 하며 어떻게 살아가고 있을까? 선생님이라는 이유만으로 제자의 가슴에 아무런 생각 없이 꽂은 살인과 같은 고통에 대해 그는 어떤 벌을 받으며 살고 있을까? 성명학에 대한 그 대단한 통찰력으로 가슴 후련하게 '배설'하듯 뱉어 낸 그 말로 인해 지금은 얼마나 행복하게 살고 있을까? 그저 궁금할 뿐이지만, 어쩌면 그 선생님은 지금 아무런 기억조차 없이 살아갈지도 모른다. 한 인생을 그토록 힘들게 해 놓고도….

지위 고하를 막론하고 우리는 평소 남에게 힘이 되는 말을 좀 많이 하면서 살았으면 좋겠다. 누군가에게 용기가 되고 정신적으로 힐링이 되는 그런 말을 더 많이 하면서 살았으면 좋겠다. 덕담으로 하는 하얀 거짓말은 하늘도 거짓말이라 단죄하지 않고 이해해 주지 않을까 싶다. 시들어 가는 식물에 비료와도 같은 말, 생기발랄한 곤충에 살충제와도 같은 말, 우리는 오늘도 하나의 혀 위에 이 둘을 다 가지고 살아가는 셈이다. 놀리는 대로 독약이 되기도 하고, 때로는 양약이 되기도 하는….

이쯤에서 말의 신중함을 강조하는 성어 하나가 생각난다. '사마난추駟馬難追'란 말이다. 말이 입 밖을 나가면 사두마차로도 따라잡기 어렵다는 의미다. 너나없이 평소 생각 없이 불쑥불쑥 해 버린 말이 영원히 지울 수 없는 과오로 남는 경우가 많다. 참으로 조심해야 할 게 말이 아닌가 싶다. 나름 통쾌하고 속 시원한 말을 한답시고 배설하듯 토해 냈다가 많은 사람들에게 상처를 주고 난 뒤에야, 다시 그 말을 주워 담느라 사과하는 일들이 끊이지 않고 있다. 다 신중하지 못한 결과다. 나 역시 혹 말실수는 없었는지 반성하면서 다시 한 번 다짐한다. "말조심 하리라, 말조심 하리라."

친절이 재산이다

터질 것이 터진 모양이다. 식사를 하고 있는데 식당 계산대 쪽에서 고성이 들려왔다. "내가 이런 대접 받으려고 이 집에 밥 먹으러 온 줄 알아? 내가 개야? 귀한 돈 내고 내가 왜 개 취급 받아야 하냐고? 다른 테이블 손님들한테도 가서 물어봐, 내가 생트집 잡는 건지?"

아마도 '그' 종업원이 또 손님에게 불쾌감을 준 모양이다. 얼른 한 분의 얼굴이 떠올랐다. 분명 오늘도 그 분일 것이라는 생각이 들었다. 얼마 전 지인들과 함께 식사를 하러 갔을 때도 그랬었다. 반찬 그릇을 던지듯이…. 그러는 모습을 보고 지인이 물었다. "오늘 집안에 무슨 안 좋은 일이라도 …"

아니다. 그분은 늘 그랬다. '퉁'한 모습으로 말없이 주방으로 돌아가는 그분의 뒷모습을 보면서 우리 일행은 모두 미소만 지을 뿐 말이 없었다. 하지만 음식 맛있다고 모시고 간 내가 뭔가 죄를 지은 것 같았다. 뭐라고 설명을 해 주고 용서를 빌어야만 할 것 같았다. 그러나 이미 반감되어 버렸을 음식 맛의 감동이 내가 설명을 보탠들 무슨 도움이 될 수가 있었겠는가?

음식은 맛 자체가 생명이다. 하지만 음식은 맛 이상의 감동까지도 연출이 가능하다. 음식을 만들어 나르는 자의 친절한 미소와 손길이 음식을 예술처럼 만들어 놓기도 한다. 음식은 만드는 자나 먹는 자나 모두를 행복하게 해 주는 축복의 선물이다. 평범한 음식이라도 이 친절로 인해 음식의 품격이 더 빛나고, 서로 간의 정이 배가될 수 있기 때문이다.

사실 식당은 내가 그냥 돈 보태 주려고 가는 것이 첫째 목적이 아니다. 터놓고 말해, 내가 배를 채우고 행복하기 위해 가는 곳이다. 감사해야 할 곳이다. 물론 돈을 지불하기는 하지만 그것은 두 번째다. 그런 나에게 식당에서 음식만이 아닌 친절까지 제공해 줄 때는 '분에 넘치는' 어떤 희열까지 느끼게 된다. 장사를 하고 사업하는 사람들이 반드시 이해하고 '이용'해야 할 우리 인간의 기본 정서요 욕구다.

나는 맛난 음식점이 있으면 꼭 메뉴와 가격을 기억해 놓으려 애쓴다. 다음에 내가 음식점을 정해야 할 임무를 가지게 되었을 때 참고하기 위함이다. 그러나 간혹 그러지 못할 때가 있다. 초청을 받아 갔을 때다. 맛은 있지만 메뉴도 가격도 모르고 먹는 경우다. 실례가 될 것 같아 물어보기도 좀 그렇다. 그러나 꼭 방법이 없는 것은 아니다. 종업원에게 살짝 물어보는 것이다.

한 번은 초대를 받아 어느 음식점에서 식사를 하게 되었다. 약초 향이 진하게 느껴지는 음식이 특별히 맛있었다. 다음에 부모님을 모시고 오면 좋겠다 싶어 그 음식의 메뉴를 알아 놓으려고 조용하게 종업원에게 물었다. 그런데 대단히 기계적인 대답이 돌아왔다. "메뉴판 제일 위에 거요." 순간, 물어서는 안 될 것을 물었나 싶었다. 엄청 무안했다. 알려 준 대로 메뉴판을 보았더니 그분이 힘들여 길게 말한 아홉 글자보다 훨씬 짧은 메뉴였다.

장사가 잘 되는 집은 그럴 만한 이유가 있다. 장사가 잘되다가 문을 닫는 집 또한 그럴만한 이유가 있다. 대부분 사람의 문제와 연관이 깊다. 손님들, 하나같이 고민 고민해서 식당을 찾아간다. 먼 길을 마다 않고 길 건너 모퉁이 돌아 힘들여 찾아간다. 그러니 참으로 친절하게 고맙게 맞이해야 할 손님들이다. 물론 '진상' 손님들에게까지 쓸개까지 빼놓고 친절하자는 것은 아니다. '개' 취급 받았다는 소리가 안 날 정도의 기본만은 지켰으면 좋겠다는 이야기다.

아들은 대학을 졸업하면 장사를 하겠다는 꿈을 가지고 살아간다. 나도 찬성이다. 아들이 음식점을 하든 옷가게를 하든, 그렇게 판이 만들어지면 나도 경우에 따라 아들이 운영하는 가게에 나가 종업원 역할을 하게 될 날도 있을 것이다. 오늘 내가 음식점 종업원의 친절 문제를 논하는 것은 특별한 대접을 받고자 하는 말이 아니다. 자식에게 사업 성공을 위한 인지상정을 잘 이해시키기 위함이요, 서로 행복을 나눌 수 있도록 미리 나 자신을 단속하기 위한 주문이다. 세상살이, 영원한 '갑' 없고, 영원한 '을' 없지 않던가?

나 하나의 중요성

영국 민요 중에 '못 하나가 없어서For want of a nail'란 노래가 있다. 내용이 좋아 원곡으로 배워 보려 했지만 포기했다. 이유를 구체적으로 말하긴 좀 그렇다. 그저 내 혀, 내 맘대로 움직일 수 있는 줄 알았는데 그렇지 않다는 걸 이 노래를 배우며 다시 한 번 확인했다는 정도만으로 대신한다. 그렇다고 완전히 포기한 건 아니다. 우리말로 번역해서 내 방식대로 '랩'으로 부르고 있기 때문이다. 노래 가사를 우리말로 옮기면 이런 내용이다.

"못 하나가 없어서 말편자가 망가졌네. 말편자가 망가져서 말이 다쳤네. 말이 다쳐서 병사가 부상당했네. 병사가 부상당해 전쟁에서 졌네. 전쟁에서 져서 나라가 망했다네. 단지 못 하나가 없어서 나라가 망했다네."

조금만 신경 쓰면 가사 외우기는 식은 죽 먹기다. 반복과 점층 구조로 되어 있기 때문이다. 랩으로 빨리 부르다 보니 20초도 안 걸린다. 노래가 너무 짧아 내가 뒤에다 사족蛇足을 조금 더 붙여 부른다. "어찌 못 하나가 없어서 나라가 망해? 말도 안 돼, 말도 안 돼. 그러나 말이 돼. 치치푸푸치치, 치치푸푸치치…." 그래도 30초를 넘기지 못한다.

민요의 메시지는 명약관화*하다. 작은 것의 위대함, 나 하나의 중요성이다. 세상은 지금 코로나19 확산 문제로 사투를 벌이고 있다. 감염이 더 확산되고 더 오래가지 않을까 걱정하고 있다. 불행을 극복하기 위한 노력은 개인의 문제를 넘어서서 국가적·세계적 이슈로 확대된 지 벌써 오래다. 이런 상황임에도 백신이 없으니 감염자는 체력만으로 끝까지 버텨야 하고, 미감염자는 전염되지 않도록 조심하는 것밖에 달리 방법이 없다. 감염을 막고 확산을 중단시키는 일에, 나 하나의 역할이 대단히 중요한 시점이다. 나 하나가 국가의

* 밝기가 불을 보는 것과 같다는 뜻으로, 의심할 여지 없이 매우 분명하다는 말.

운명에까지 영향을 줄 수도 있다는 의미다.

이 절체절명의 순간에, 일부 철부지들의 언행은 우리를 안타깝게 한다. 근거 없는 유언비어나 가짜뉴스로 일상을 불안케 하고 큰 피해를 주고 있다. 정말이지 이런 일은 하지 말았으면 좋겠다. 도움은 주지 못할망정 목숨이 걸린 문제에 해독을 끼치는 일은 삼갔으면 좋겠다. 한쪽에선 가정의 행복도 뒤로 한 채, 자신의 목숨까지도 걸어 놓고 이 재앙을 막아내기 위해 사력을 다하고 있다. 이런 분들께 조금이라도 부끄럽지 않도록 몰지각한 행동은 하지 말아야 할 것이다. 이는 남을 위한 배려일 수도 있지만, 결국은 자기 자신을 위한 일이다.

안타깝게도 엊그제 최초로 코로나 바이러스를 언급했던 중국 의사가 세상을 떴다. 환자를 진료하다가 감염이 되어…. 그의 나이 34세. 둘째를 임신한 한 아내의 남편이란다. 그는 병상에 누워 죽음을 기다리던 중에서도 의사로서의 직업의식을 잊지 않았다. "회복되면 일선에서 싸울 것이다. 현재 전염병이 확산 중인데, 나는 도망가는 병사가 되지 않겠다"라고 했다. 그럼에도 그는 결국 죽고 말았다. 하지만 육체는 사라졌으나 그의 정신은 살아 있다. '도망가지 않는 병사不想當逃兵'라는 말이 그 증거다.

우한武漢은 오늘의 나를 만들어 준 제2의 고향이다. 우한대학에서 박사학위를 받았고, 바로 옆 후베이대학에서는 교수로 근무하기도 했다. 다른 사람들보다 특히 만감이 교차하는 이유다. 지인들에게 전화를 해 보니 괜찮다고 한다. 다행이다. 어느 지역 어느 국가를 막론하고, 얼른 이 불행이 끝나고 모두가 일상으로 돌아갈 수 있길 간절히 기도드린다. 감염이 되었거나 감염 우려 때문에 격리되어 불편한 하루하루를 보내고 계신 분들께도 응원의 기도를 올린다.

영웅은 그냥 만들어지지 않는다. 대단한 능력과 업적을 통해 만들어진다. 그러나 평범한 일상 속에서 비범하지 못한 능력으로도 영웅이 되는 길이 하나 있다. 지금 우리들이 걷고 있는 이 길이다. 각자가 신중한 처신과 언행으로 나라를 위험에서 구해 낸다면 모두가 영웅이 되는 것이다. 나라를 살리고 지켜낸 자가 영웅이 아니라면 누가 영웅이겠는가? 네가 영웅이고, 내가 영웅이며, 우리 모두가 영웅인 셈이다. 오늘은 특히 이런 영웅을 원하고 있다.

감사할 인연,
부부

도서관에 가면 사람들이 전부 공부만 하고 있는 것 같고, 공항에 가면 모두 외국 여행만 다니는 것 같다. 맛집에 가 보면 사람들이 전부 외식만 하는 것 같고, 병원에 가 보면 세상은 전부 아픈 사람들로만 가득 차 있는 것 같다. 참으로 안타까운 건, 불행과 어려움에 처한 사람들이 너무 많이 넘치고 있는 곳이다. 병원 말고도 마음을 아프게 하는 곳은 한둘이 아니다.

얼마 전에는 아버지 교통사고로 병원 응급실을 찾았는데 아니나 다를까 만원이었다. 어찌 세상에는 이렇게 많은 사고들이 일어나고 아픔을 겪고 있는 것일까? 평소 응급실을 찾지 않고 살아간다는 것은 그저 평범한 일상이 아니라 비범한 축복이란 생각이 들었다. 간혹 병원에서는 평소와는 달리 좀 색다른 것을 보고 배우고 느끼곤 할 때가 있다. 이번에도 그런 경우라 하겠다.

아버지 병상과는 좀 떨어진 곳에 누워 있는 어느 환자가 사람들에게 주목을 받았다. 교통사고를 당한 듯한 50대 남성이 붕대를 감고 누워 있었다. 아내가 옆에서 간호를 해 주는데 환자 마음에 들지 않았던 모양이다. 남편은 팔을 닦아 주던 물수건을 빼앗아 땅바닥에 패대기를 치고, 다시 닦아 주면 빼앗아 얼굴에다 던지고…. 마침내는 주위 사람들에게 무안할 정도로 아내에게 고함을 지르면서 함부로 말을 했다.

아내는 어쩔 줄을 몰라 하다가 더 이상 참지를 못하고, 보란 듯이 일어나 가방을 챙겨 떠나 버렸다. 남편은 아내가 떠나는 모습을 보면서 싸움에서 대승이라도 한 듯 홱 돌아누워 담요를 뒤집어썼다. 그러나 시간이 갈수록 전전반측*, 슬금슬금 주위를 살피는 눈치가 역력했다. “성질 조금만 부리지, 곧 후회하실 걸….” 나 혼자만의 독백이었을까? 지켜보던 모든 이들의 마음 속 합창이었을까?

잠시 볼일을 보러 나가는데 벽 뒤쪽에 낯익은 여성 한 분

* 걱정거리로 마음이 괴로워 이리 뒤척 저리 뒤척 한다는 뜻.

이 앉아 있었다. 조금 전 가방 챙겨 홱 떠나 버렸던 그 아주머니였다. 남편 보는 앞에서는 훌쩍 떠나 버린 것처럼 보였지만, 알고 보니 떠난 게 아니었다. 보이지 않는 먼 곳에서 남편을 지켜보고 있었던 것이다. 눈물이 울컥 쏟아질 뻔했다. 내 아내의 모습이 겹쳐졌기 때문이다. 내 아내도 저런 적이 많지 않았을까? 그때 아내의 모습도 저런 모습이었겠지?

“천 년 동안 수양을 해야 함께 베개를 벨 수 있다千年修來共枕眠”라는 중국 속담이 있다. 부부의 인연을 두고 하는 말이다. 이 대목에서 장윤정의 노래 ‘초혼’이 생각난다. 가슴을 후벼 파는 내용이다. ‘부를 초招, 넋 혼魂’. 떠나 버린 인생 짝시의 혼을 부른다는 뜻이다. 그동안 함께 살아왔던 내 사람, 알고 보면 ‘스치듯 보낼 사람’이 ‘어쩌다 내게 들어와’ 내 아내가 되고, 내 남편이 된 것이란다. 부부의 만남, 우연인 것 같지만 속담은 아니라고 말한다. 서로가 천년의 수양을 통해 만난 것이라고….

우리는 왜 항상 뒤 늦게 후회하게 되는 것일까? “따라가면 만날 수 있나, 멀고 먼 세상 끝까지….” 아무리 통곡하며 지난날의 잘못을 후회하고 뉘우쳐도 한 번 떠나 버린 사람은 그저 “장미의 가시로 남아서 날 아프게” 지켜볼 뿐이다. 노래는 말한다. 후회하기 전에 서로 잘 하라고….

그런데 "누가 모르는가? 잘 하려 해도 잘 안 돼서 그렇지…." 이는 내가 평소에 맘속으로 수없이 반복적으로 하는 말이다. 그러나 결과는 그리 만족스럽지가 못하다. 이때 세상 이치가 속삭인다. 작심삼일이 되더라도 순간순간 반성하고 결심하다 보면, 실수하고 후회할 일이 줄어들 것이라고….

언젠가 나를 불안케 하는 유머 한 토막을 접했다. 오십이 넘어 남자에게 반드시 필요한 다섯 가지가 있다고 했다. '아내·부인·여보·마누라·당신'이란다. 반면, 여자에게 반드시 있어야 할 다섯 가지는 '강아지·딸·건강·친구·돈'이라고 했다. 나이가 들어갈수록, 남편에게 아내의 존재는 어떤 가치이고, 아내에게 남편의 존재는 어떤 가치인가? 웃자고 만든 유머 앞에서 왜 웃음이 터지지 않는가? 흰머리가 늘어날수록 이런 이야기들이 그냥 들리지 않는다.

남자에게 최고의 재산은 아내라 했던가? 티격태격 응급실에서 다투던 두 부부의 화해가 그려진다. "미안해, 짜증이 나서…." "누가 모르요? 저쪽 손…." 그래, 크게 보아 천생연분이다. 두 분의 행복과 환자분의 쾌유를 빈다.

꿈의 실현과 간절함

요즘은 진짜와 가짜를 구별하기가 참 쉽지 않은 세상이다. 은행 창가에 놓인 화초가 생화인지 아닌지 판별하기 힘든 건 말할 것도 없고, 음식점에서 감칠맛 나게 고기 요리를 먹었는데 진짜 쇠고기가 아니라 콩으로 만든 제품이라는 사실도 놀랍지 않다. 그렇지만, "분명 잘 아는 지인의 전화 목소리였는데, 알고 보니 보이스 피싱이었다"라는 직장 동료의 말을 들었을 때는 모골이 송연해질 정도로 놀랍다. 이젠 목소리까지라니….

자신의 건강한 오관*五官으로도, 직접 확인한 그 어떤 팩트

* 다섯 개의 감각기관.

도 진실이 아닐 수 있다는 현실 앞에, 우린 대체 앞으로 어떤 초능력을 가지고 무엇에 근거해서 어떻게 인지하고 판단하며 살아가야 할 것인지 고민이 아닐 수 없다. 그런 면에서, 엊그제 어느 텔레비전 프로그램에서 경험한 일도 비슷한 경우가 아닌가 싶다.

그 프로그램은 원조가수가 모창가수 네 명과 뒤섞여 노래를 부를 때, 목소리만 듣고 평가단이 원조가수를 찾아내는 내용이었다. 결론부터 말하자면, 모창가수 정유미란 여성이 원조가수 백지영보다 더 진짜처럼 노래를 불러, 가짜가 진짜를 누르고 승리를 한 것이다. 함께했던 백지영의 친한 지인들도 속았고, 평가단의 많은 사람들도 진짜 백지영을 찾는 데 실패했다는 말이다.

우승자 정유미는 감격의 눈물을 쏟아냈고, 원조가수 백지영은 그녀의 노력과 실력에 박수를 보내 주었다. 그런데 정유미의 소감 한 토막은 듣는 이들의 가슴을 먹먹하게 해 주었다. 그의 꿈과 현실에 대한 소회 때문이었다. 유명가수를 꿈꾸었지만 결혼하고 아이 낳아 가정주부로 살다 보니 꿈이 영영 사라지는 것 같아, "하루만이라도 백지영으로 살아 보고 싶어" 열심히 연습해서 아이 떼어 놓고 나오게 된 것이라 했다.

순간, "실력은 저렇게 만들어지는 거로구나.", "간절함이란 바로 저런 거로구나"라는 생각이 들었다. 우리의 꿈은 대개 부러운 대상이 생겼을 때 구체화되고, 그 꿈의 실현은 모방으로부터 시작되는 것이 아닌가 싶다. 그러나 모방은 꼭 어떤 대상과 같아지기 위한 것이 아니라, 자신의 일가一家를 이루는 수단으로 활용되는 경우가 많으니, "우선은 똑같이…, 그러나 실력을 쌓은 후에는 개성의 색깔을 입히는…."

광고계의 거두 박웅현은 자신의 광고철학을 "We copy and make it better"라고 했다. "모방하면서 더 멋지게 만든다"라는 의미다. 모방이 목적이 아니라, 더 멋진 창조에 방점을 둔 표현이다. 또 "탤런트는 남의 탤런트를 사는 것이다. 내 탤런트가 남의 탤런트라는 것을 볼 줄 알면 된다"라고 했다. 솔직하고 겸손하면서도 도전 정신이 읽히는 대목이다. 꿈을 가진 자는 모방을 피하지 않는다. 간절함을 실천하는 과정일 뿐이다. 문제는 간절함이다. 오늘의 내 위치는 그 간절함의 결과이기 때문에.

안도현의 시 '나그네'는 "지금의 난 어떻게 만들어진 것인가?"라는 물음에 답이 되는 시라 할 수 있다. "그대에게 가는 길이/ 세상에 있나 해서// 길 따라 나섰다가/ 여기까지 왔습니다// 끝없는 그리움이/ 나에게는 힘이 되어// 내 스스로 길이 되어/ 그대에게 갑니다." 시는 내게 묻는다. 끝없는 그리움을 가졌느냐고. 그 '그리움' 내지는 '간절함'을 가졌다면 됐단다. 그것이 힘이 되어 줄 것이요, 길이 되어 줄 것이며, 언젠가는 꿈을 실현시켜 줄 것이라고….

BTS의 쾌거가 세상을 뒤흔들어 놓고 있다. 신곡 '다이너마이트'가 미국 빌보드 싱글 차트 '핫100' 1위에 올랐다는 소식은 보통의 낭보가 아니다. 기적 같은 일이다. 그들과 같은 나라에 살고 있다는 것이 자랑스럽다. 팀원 지민은 새벽 4시에 이 희소식을 접하고 7시까지 울었단다. BTS 팀의 다음 목표는 그래미상 단독 무대란다. 이쯤에서 연전에 그들이 발표했던 노래 제목 하나가 생각난다. '피 땀 눈물'. 모두가 다 간절함이 이뤄 낸 결과요, 앞으로도 그 간절함이 모든 것을 말해 줄 것이다. 세상 이치는 거의 사람을 속이지 않는다. 다만 운명이란 여신이 간혹 훼방을 놓을 때가 있긴 하지만….

자그마한 도전과 성취, 그리고 행복

내가 근무하고 있는 대학에서는 지금 기말고사를 치고 있다. 농부가 열심히 흘린 땀의 결실을 수확하듯, 학생들은 그동안 공부한 내용과 노력의 결과를 학점으로 수확하기 위해 밤을 새워 가며 뒷심을 다하고 있다. 이전에는 교수 재량에 따라 학생 전체에게 좋은 학점을 줄 수도 있고 그렇지 않을 수도 있는 절대평가 방식이었지만, 요즘은 학점 인플레를 막기 위한 수단으로 상대평가를 실시하고 있다. 그래서 모두가 좋은 학점을 받기란 어렵게 되어 있다.

학점은 교수가 '주는 것'이라고 해석할 수도 있지만, 학점이란 어쩌면 학생들 각자가 노력한 만큼 '가져가는 것'이라고 말해야 옳을 것이다. 상대평가에서 학점은 성적순에 따라 자동적으로 등급이 결정되기 때문이다. 교수는 그저 공정하게 채점만 하면 될 뿐이다. 어떤 학생이 100점 만점에 95점을 받았다 할지라도, 이 점수보다 높은 학생들이 더 많으면, 그 학생은 어쩔 수 없이 뒤로 밀려 B보다 못한 학점을 받을 수도 있게 된다. 반대로 30점을 받았지만 다른 학생들이 이보다 못한 성적을 얻으면, 그는 자동적으로 A학점을 받게 된다. 이것이 오늘 우리 대학에서 상대평가라는 제도 속에서 학점이 정해지는 원칙이요, 학점이 짠 교수, 후한 교수란 말이 통하지 않는 이유도 바로 여기에 있다.

상대평가 제도는 교수에게 편할 수도 있지만 대단히 불편할 때가 많다. 학생들이 열심히 공부를 해서 결과나 성취도가 대단히 뛰어나다 해도 모두에게 최고 등급을 줄 수가 없기 때문이고, 어떤 반은 객관적으로 볼 때, 그 누구도 B학점 이상은 과분하다고 판단되어도 어쩔 수 없이 일정 비율만큼은 A학점을 부여해야 하기 때문이다.

이런 점에서 이번 학기에 내가 담당했던 연극 관련 과목은 전자의 경우에 속한다. 학생들의 수업 참여도나 그 성과를 놓고 볼 때 대단히 만족스러운 '특별한' 한 학기였기 때문이다. 그래서 모두 최고 학점을 가져가도 과하지 않겠다는 생각이 들었지만, 그럼에도 정해진 비율만큼 B나 C학점을 반드시 부여해야만 했으니, 이런 경우엔 미안하거나 불편한 마음을 어떻게 표현할 길이 없게 된다.

이 과목을 신청한 수강생들에게 나는 매주 2시간 중 한 시간은 이론을 강의하고, 한 시간은 조를 나눠 직접 연극을 만드는 데 참여하도록 했다. 개강 첫날, 나는 강의 계획을 소개할 때 이런 점을 강조했다. 너무 학점에 얽매이지 말고, 이 과목을 통해 창의력을 키우고, 사회성을 배우고, 그리고 자신감을 향상시킬 수 있도록 도전해 보라고 했다. 그런 용기가 없다면 수강 신청을 변경할 것을 권했다. 좋은 학점을 기대하기보다는 다소 불안감이 들었을 것임에도 불구하고, 학생들 200여 명은 그런 '용기'를 선택했다.

매주 5~6명의 각 조원들은 어떤 주제나 형식에 구애받지 않고 10~15분짜리 작품을 공동으로 창작해 내기 위해 서로 머리를 맞대어 토론하고, 고민하고, 수정해 가며, 반복적으로 연습을 했다. 각 팀은 최대한 다른 학과 학생들로 안배해 놓았기에 처음에는 상당히 서먹서먹한 분위기였지만, 금세 마음들을 터놓고 멋들어진 '동호회'를 만들어 가고 있었다. 나는 그런 모습들을 둘러보면서 크게 의미를 부여해 주었다. "자신이 속해 있는 각 조는 인생의 축소판이다. 대여섯 명으로 구성된 세상은 작아 보이지만, 인생에서 경험하고 배울 일들은 여기에 다 있다. 이 안에서 뭔가 새로운 길을 열어 가기 위해, 서로 고민하고, 소통하고, 협업해 가면서 창조의 재미가 어떤 것인지를 '만끽'해 볼 수 있었으면 좋겠다. 그리고 조그마한 성취에 대한 쾌감을 확인할 수 있기를 희망한다."

이 같은 교수의 소망과 기대에 학생들은 최고의 노력과 성과로 답해 주었다. 기말이 되어 완성된 각 조의 작품들을 감상하게 되었을 때 그 주인공들은 성취감에 기쁨을 감추지 못했다. 그 결과물을 감상하는 우리 관객들은 그들의 재기발랄한 아이디어와 창의력에 탄성을 질렀다. 모두가 도전 정신 없이는 불가능한 일이었다. 구성원들 간에 배려하는 마음, 상대를 이해하는 마음 없이는 절대 불가능한 일이었음을 누구도 부인하지 못할 것이다.

모두가 A+ 학점을 가져가기에 충분한 성과였다. 하지만 상대평가란 제도 속에서는 현실적으로 그것이 불가능한 것이었으니…. 그래서 마음이 편치 못하다. 그저 기도할 뿐이다. 최고 등급의 학점을 받지 못한 학생이라 할지라도 앞으로 실제 인생살이에서는 반드시 보상받을 수 있게 해 달라고…. 그리고 확신한다. 반드시 그렇게 될 것이라고…. 기도한 대로 이뤄지리라, 말한 대로 이루어지리라, "아브라카다

브라abracadabra!"

실패가 두려우면 도전하지 않으면 된다. 그냥 남의 뒤를 따라 수동적으로 살아가도 얼마든지 또 그런대로 살아갈 수는 있다. 그러나 진정한 삶의 진미珍味를 아는 사람은 그렇게 살지 않는다. 사소하나마 용감하게 나아가 도전하고, 그것으로 얻어지는 자그마한 성취들로 기쁨을 만들며 행복을 만들어 가기 때문이다. 누구든 능력에 차이가 있고 또 한계를 가지고 살아간다. 그러나 능력은 도전과 실패를 통해 더 강해지기도 하고, 없던 능력이 만들어지기도 한다. 어제도 오늘도, 그리고 내일도 그러하리라.

행복, 해석에 답 있다

2021년 4월 8일 초판 1쇄 발행
2023년 8월 18일 초판 2쇄 발행

지은이 한상덕
펴낸이 권순기
부장 박현곤
행정팀장 김성균
디자인 이희은
편집보조 이희성

펴낸곳 경상국립대학교출판부 | 출판등록 1989년 1월 7일 제16호
주소 경남 진주시 진주대로 501
전화번호 055) 772-0803
팩스 055) 772-0809
전자우편 gspress@gnu.ac.kr
홈페이지 gspress.gnu.ac.kr
페이스북 www.facebook.com/gnupub
블로그 blog.naver.com/gnupress1
인스타그램 @gnupress

책값은 뒤표지에 있습니다.